캘리그라피 한 장
퇴근 후 |

캘리그라피 한 장

퇴근 후 –

이영신

리얼북스

퇴근 후 만나는
'나' 만의 시간!

늦은 나이에 처음으로 캘리그라피를 접하게 되었습니다. '캘리그라피'란 말조차 새롭던 그 시절, 저에게는 새로운 충격이었습니다. '캘리'의 매력에 빠져 배움의 길로 전국을 돌아다닐 정도로 열정으로 가득했던 시기였습니다. 캘리의 기초 선 긋기부터 붓을 들기 시작하였습니다. 하다 보니 붓과 묵향에 빠져 수묵도 접하게 되었습니다.

여러 사람과 나누고 싶어 다양한 재능기부에 나서기도 했습니다. 많은 사람이 좋아하는 펜과 수채까지 익히게 된 계기였습니다. 그것들이 하나씩 쌓여 지금은 많이 나누어 줄 수 있는 사람이 되었고 여러 곳에서 강의를 하는 캘리그라퍼가 되었습니다.

저에게 캘리그라피는 낯설고 미지의 길이었습니다. 매일 한 걸음씩 걸어가다 보니 새로운 길이 생기고, 새로운 꿈이 생기고, 새로운 나를 만났습니다. 몇 차례의 개인전과 소망이었던 작은 공방도 운영하고 있습니다. 붓으로 말한다는 필명처럼 캘리그라피를 사랑하며 한 걸음씩 걸어가고 있는, 앞으로도 걸어갈 필담입니다.

캘리그라피는 자신과 만남입니다. 내 글귀를 찾아내고 그 속에서 나를 만나게 됩니다. 여러분도 남의 글을 흉내 내는 것이 아닌 내 글귀를 찾아내어 내 행복했던 기억, 내가 묻어두었던 자신을 찾아 행복해지기를 바랍니다.

취미로 시작한 캘리그라피가 꿈이 되고 이제는 좋아 하는 것을 직업으로 가진 행복한 사람이 되었습니다. 오랫동안 가르치면서 생긴 저만의 노하우를 여러분들과 함께 공유하고자 이 책을 만들게 되었습니다.

바쁜 일상이지만 퇴근 후 잠깐 나만을 위한 시간을 만들어 보세요. 한 걸음씩 한 걸음씩. 한 글자, 한 단어, 한 문장을 만들어 보세요. 누구의 글이 아닌 내가 쓰고 싶은 한 줄 글귀를 만들어 보세요. 예전의 나를 추억 속에서 만나고 지금의 나를 마주하고 미래의 나에게 한 줄 글귀를 남겨보세요.

캘리그라피 한 문장으로 힐링이 되고 위로가 됩니다. 이것이 점점 나만의 '소·확·행'이 될 것입니다.

예쁜 글씨만이 아니라 내 글귀의 의미에 맞게 감성을 담아 쓰면 아름다운 캘리그라피가 됩니다. 나뿐만이 아니라 주위의 누군가에게도 한 마디의 손글씨로 큰 감동을 선물해 주세요. 캘리그라피는 다른 의미의 사랑입니다. 누구에게나 잔잔하게 퍼져나가 사랑을 줍니다.

이 작은 책을 통해 저, 필담이 작은 보탬과 희망이 되었으면 하는 바람입니다. 오늘 하루 퇴근 후, 캘리그라피 한 장을 선물합니다.

필담 이영신

퇴근 후,
캘리그라피
한 장

Chapter 01,

캘리그라피 시작하기

Chapter 02,

캘리그라피 배우기

Chapter 03,

수채화 연습하기

Chapter 04,

짧은 문장 쓰며 캘리 익히기

Chapter 05,

계절에 따른 감성 글씨 쓰기

Chapter 06,

생활 속 감성 글씨 쓰기

Chapter 07,

소품에 글쓰기

Chapter 01,

캘리그라피 시작하기

캘리그라피란 무엇인지? 어떻게 시작해야 할까? 기초부터 다양한 응용방법까지 알아본다. 우선, 캘리그라피의 응용과 도구, 대표적인 서체를 배워보자.

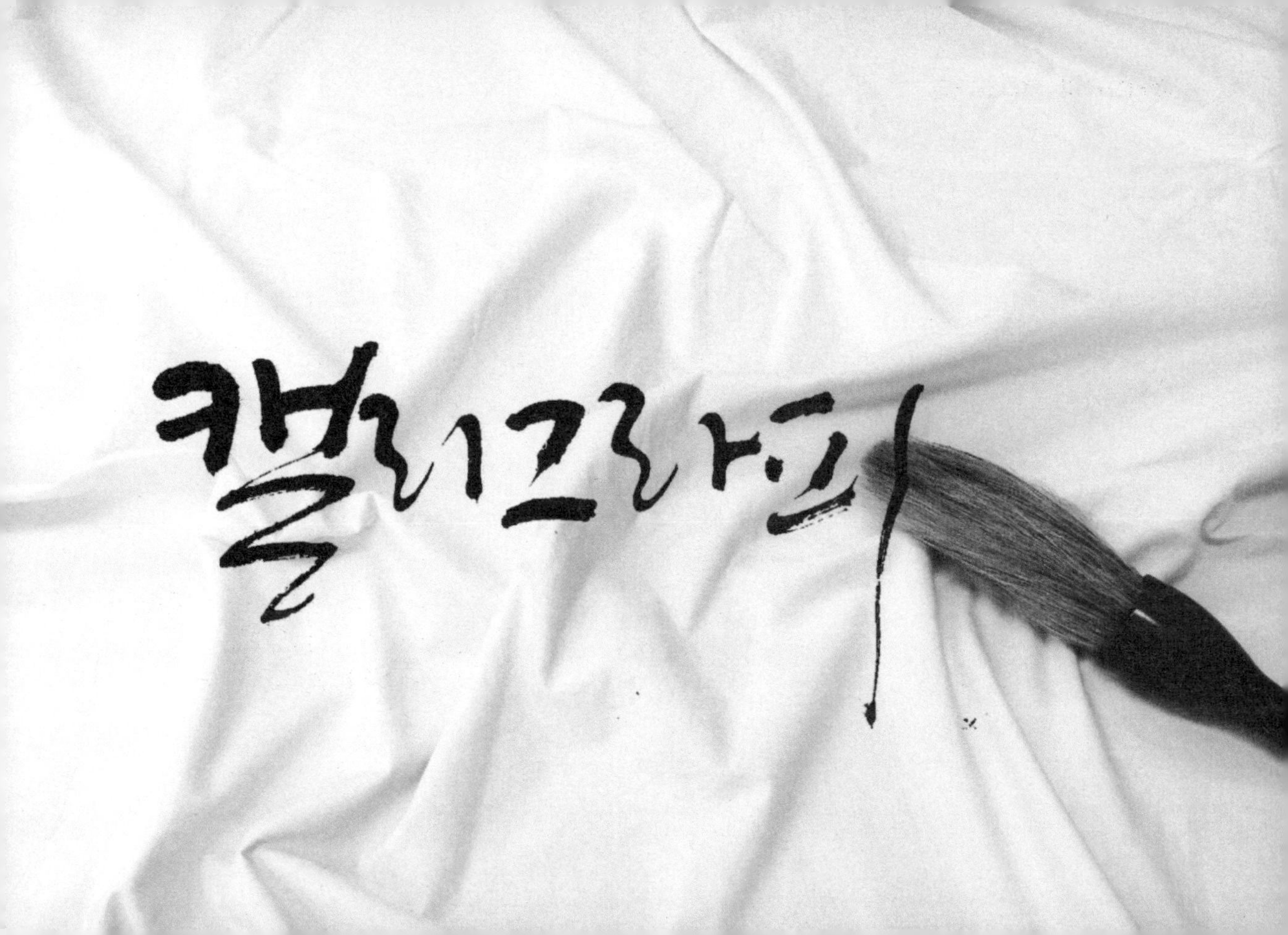
캘리그라피

01 캘리그라피, 캘리그라피

●캘리그라피란?

예전에는 캘리그라피하면 '서예'란 뜻만 있었지만 지금은 광범위하게 활자 외에 모든 글씨를 통틀어 말한다. 우리가 흔히 들었던 손글씨, 멋 글씨, 감성 글씨가 모두 캘리그라피를 칭하는 말이다. 즉, 마음이 담긴 아름다운 글씨라고 생각하면 된다.

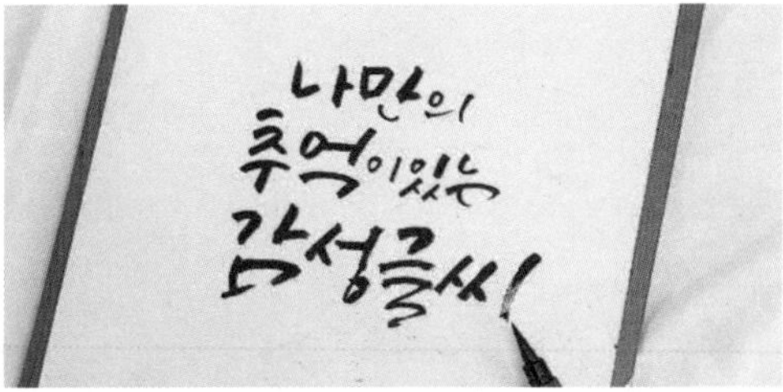

●캘리그라피 쓰는 요령

캘리그라피를 쓸 글귀를 먼저 정한다. 글쓰기에 앞서 나만의 추억과 경험을 떠올리며 주제를 정하고 글귀를 만든다. 캘리그라피는 도구에 제한이 없어 어떤 재료도 가능하다. 보통 붓이나 붓펜만 알고 있지만, 재료에 따라 느낌이 달라지므로 글귀에 따라 재료를 선택한다.
강한 느낌의 글귀는 거칠 거나 딱딱한 느낌의 재료를 선택하고, 사랑스러운 글귀에는 부드러운 느낌의 말랑한 재료를 선택한다. 흉내가 아닌 경험과 추억이 녹아있는 나의 감성이 담긴 글귀를 써야 하나뿐인 나만의 캘리그라피가 된다.

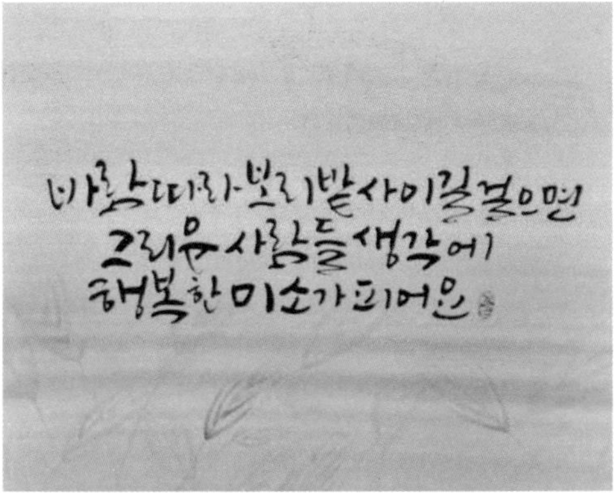

● 캘리그라피의 활용

캘리그라피는 도서, 드라마, 영화 제목, 브랜드 네이밍까지 광범위하게 쓰인다. 주위를 둘러보면 명함, 선물, 인테리어 등 일상생활에서도 많이 활용되는 것을 볼 수 있다. 앞으로는 더욱더 폭넓게 활용될 수 있으리라 생각한다.

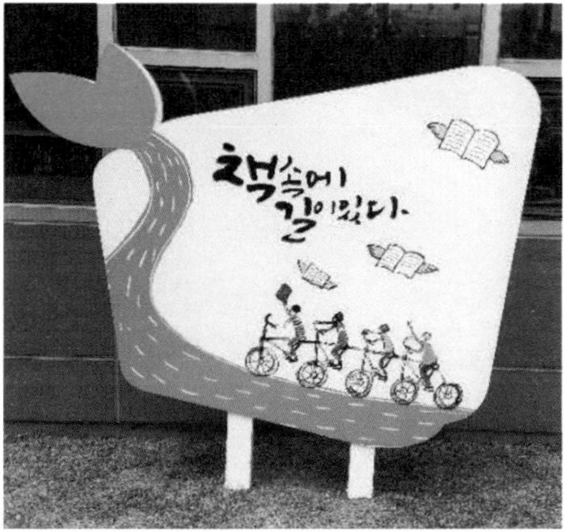

● 좋은 캘리그라피란?

여백과 글귀가 적절히 배치되어야 조화롭다. 글귀는 하나의 덩어리로 주목성을 띠고, 가독성이 좋아야 한다. 멋 내기에 치우쳐 가독성이 떨어지면 훌륭한 작품이 될 수 없다. 작가의 진실한 마음이 담겨 공감할 수 있는 글귀가 좋다.

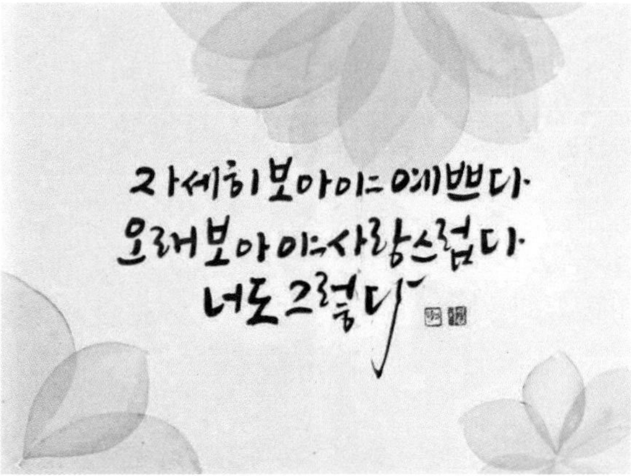

02 다양한 서체

글씨체는 쓰는 사람에 따라 천차만별이다. 직선 느낌과 비틀어 쓰는 사선 느낌, 굴곡 있는 곡선 느낌, 강약이 들어간 흘림 느낌 등 네 가지의 서체를 기본적으로 알아본다.

●고딕체(직선 느낌)

균형 있는 정방형의 글씨체로 가장 기본이 되는 서체다. 획의 굵기가 모두 균일하며 글씨의 처음과 끝이 뾰족하지 않다.

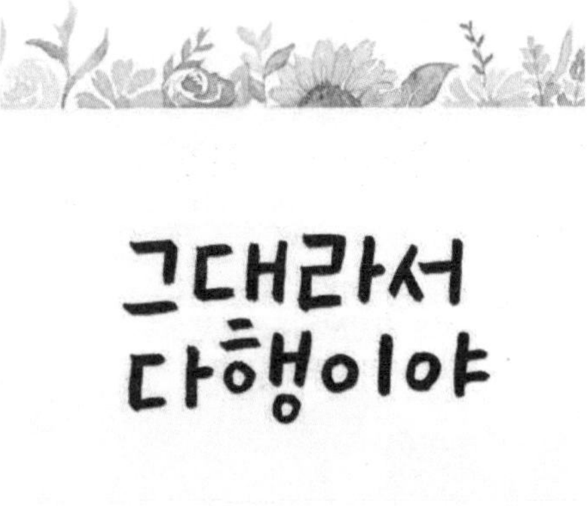

●빗살체(사선 느낌)

고딕체에서 살짝 변형된 형태로, 획의 굵기는 모두 균일하되 왼쪽이나 오른쪽의 사선으로 기울어진 서체다.

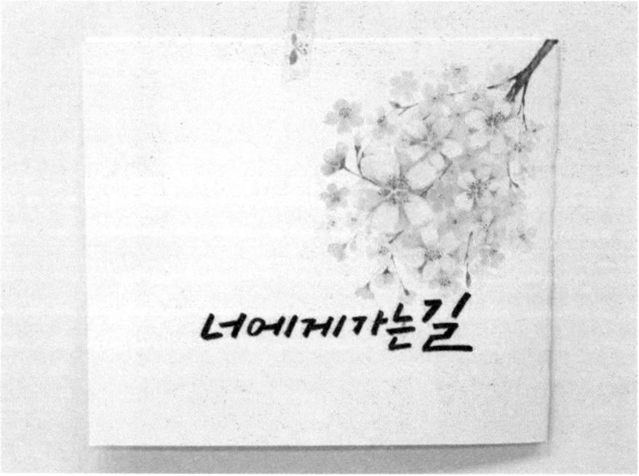

● 굴림체(곡선 느낌)

획의 굵기는 모두 균일하고 꺾이는 부분만 곡선 형태인 서체다. 글씨의 처음과 끝이 뾰족하지 않고 부드럽게 마무리되어 귀여운 느낌이 난다.

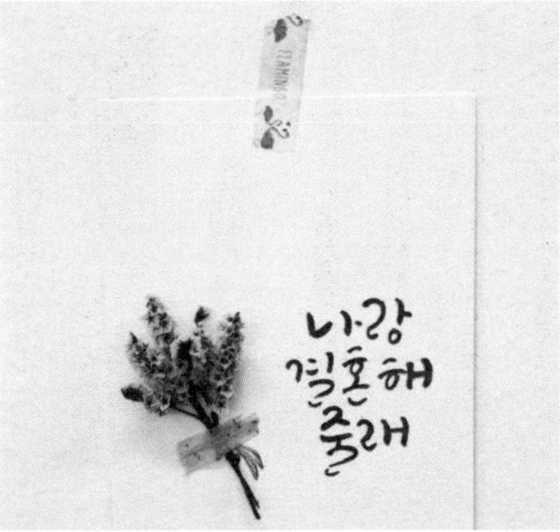

● 흘림체(흘림 느낌)

붓의 강약을 조절하며 쓰는 서체로 획의 굵기가 일정하지 않다. 글귀의 의미를 강조하거나 표현하기 좋다.

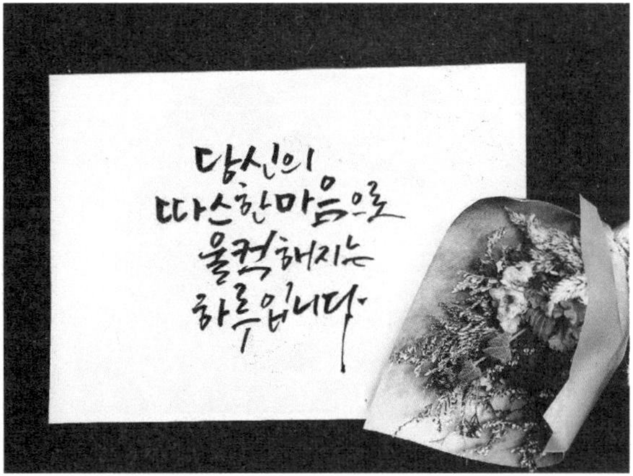

03 캘리그라피 도구의 종류

캘리그라피는 특별히 도구를 가리지 않는다. 그래서 다양한 형태와 무한한 가능성을 가지고 있다. 생각지도 못한 느낌이 나올 수 있어 이것저것 다양한 도구를 찾아 써보는 것 또한 캘리그라피의 즐거움이다. 가장 많이 사용되는 도구 몇 가지를 소개하겠다.

●붓

붓을 선택할 때 탄력이 너무 강하지도 약하지도 않은 겉과 속 털이 적절히 섞인 초보용 겸호필이 좋다. 너무 큰 붓보다는 필방에서 파는 겸호필 세필 같은 작은 붓으로 시작한다. 필력을 늘리는 데는 붓으로 연습하는 게 제일 좋다.

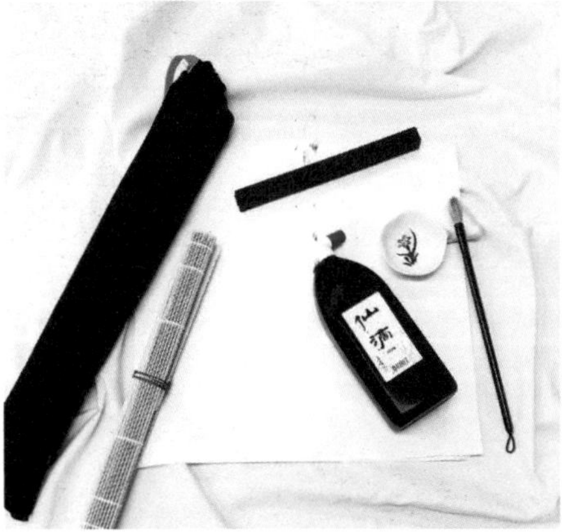

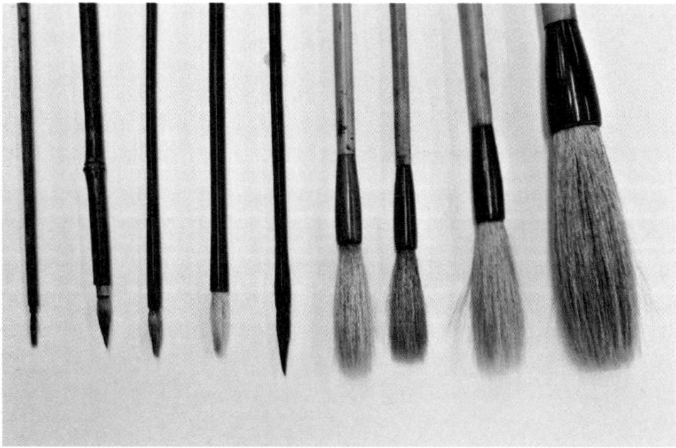

●붓펜

붓펜은 다양한 종이에 쓸 수 있고, 붓에 비해 간단해서 연습하기도 수월하다. 펜텔, 아카시아, 모나미 등 여러 종류가 다양하게 많이 있지만 붓과 가장 가까운 느낌의 쿠레타케 붓펜을 추천한다. 다른 붓펜보다 섬세한 느낌 표현과 강약조절이 좋다.

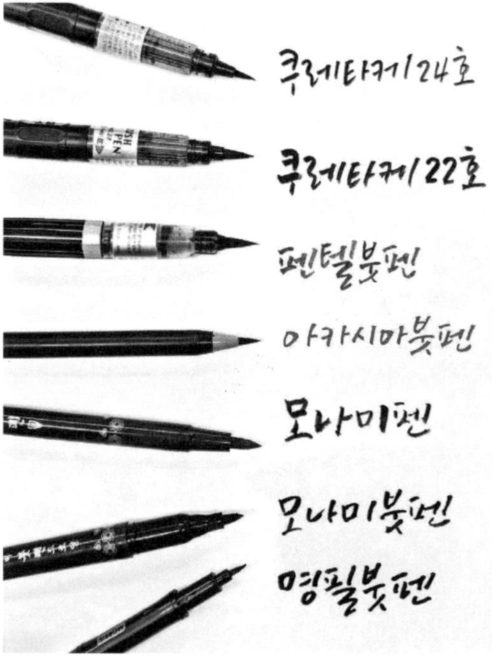

● 워터브러시

맑은 수채 느낌을 표현하기 좋다. 붓 모의 길이에 따라 대, 중, 소가 있다. 큰 글씨나 물로 쓴 다음 물감을 떨어뜨리는 표현을 할 때는 대(大)자를 선택하고, 작고 섬세한 표현에는 붓 모가 짧고 가는 소(小)자를 사용한다. 붓대에 물통이 있어서 사용하기 편리하다. 쿠레타케, 펜텔, 루벤스 등 여러 종류가 있지만 대부분 비슷하고 사쿠라펜은 고체 물감과 세트로도 나와 있어 휴대하기 쉽다.

물감을 팔레트에 짜서 쓰기도 하지만 요즘은 고체 수채물감이 있어서 편하게 함께 사용할 수 있다.

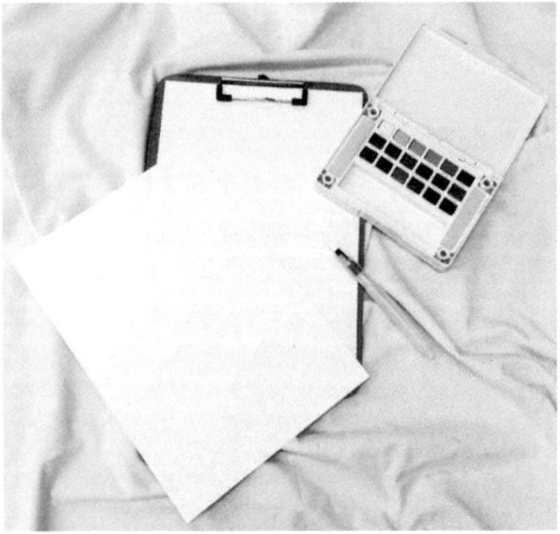

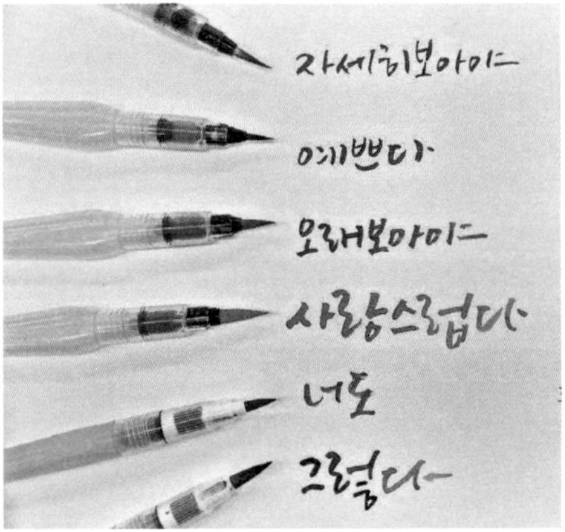

●일반펜

만년필은 힘을 주지 않고도 부드럽게 써진다. 딥펜은 펜촉에 따라 다양한 굵기와 모양의 글씨를 쓸 수 있고, 펜대와 촉을 고르는 재미가 있다. 네임펜과 볼펜은 굵기 조절은 힘들지만 구하기 쉽고 휴대가 편리하다.

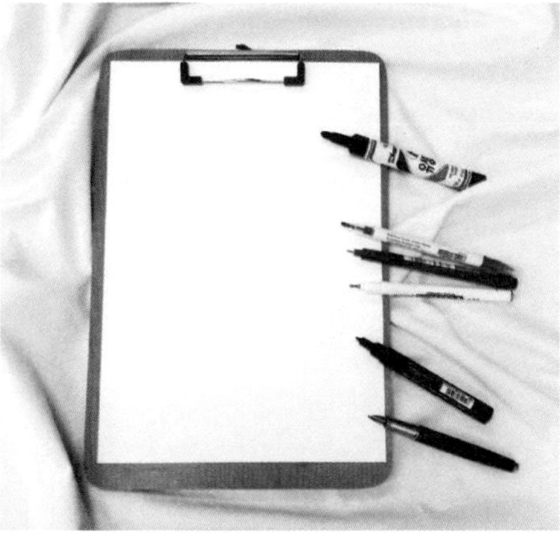

●일상 생활용품

따뜻하고 사랑스러운 글귀는 면봉, 롤러 등 부드러운 재료로 굴리듯 쓴다. 힘차고 강한 글귀는 칫솔, 나무젓가락 등 거친 재질로 쓴다. 쓰는 재료에 따라 다양하고 색다른 표현이 가능해서 골라 쓰는 재미가 있다.

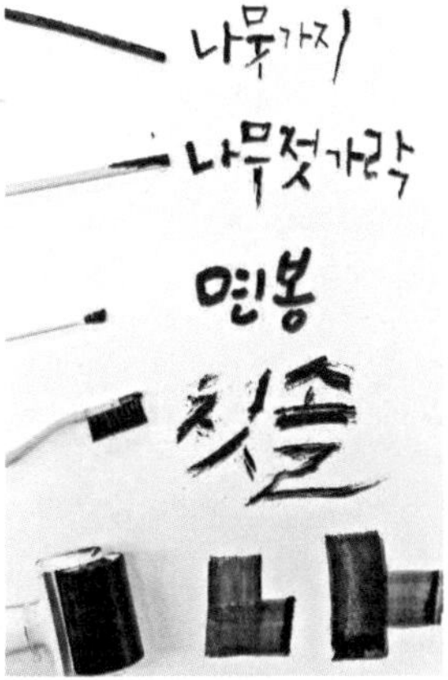

Chapter 02,

캘리그라피 배우기

캘리그라피의 기본인 직선이나 곡선의 선긋기 부터 고딕체, 굴림체, 빗살체 등 글씨체를 하나씩 배우고 직접 써본다.

우리 함께 어울려 가는 거이드

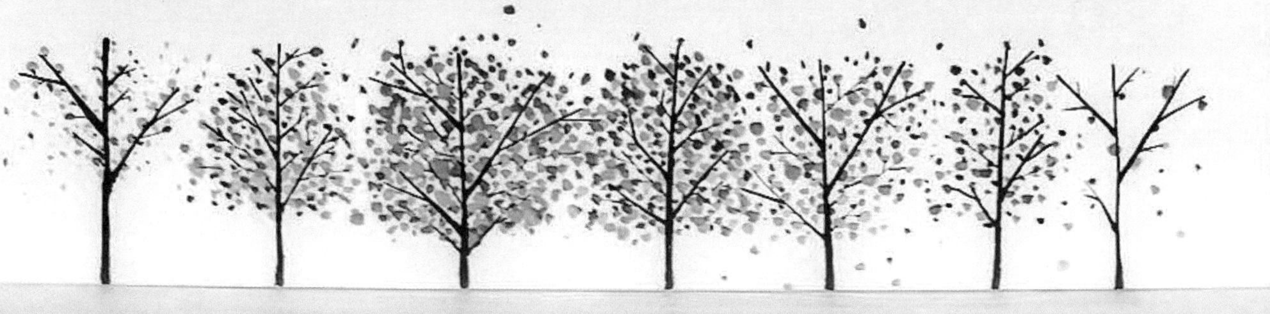

01 기초 선 긋기

가장 기본이 되는 선 긋기를 배운다. 선의 두께가 일정한 가는 선부터 굵은 선까지 유지하며 연습한다. 꾸준히 하면 고르고 예쁜 선이 나온다.

● 직선으로 선 긋기

굵기별로 꾸준히 연습한다. 붓을 세워 붓끝만 지면에 닿으면 가장 가는 선이, 붓을 누를수록 닿는 면이 많아지므로 굵은 선이 나온다. 처음 누른 힘을 유지하여 처음부터 끝까지 일정하게 유지하는 게 중요하다.

● 곡선으로 선 긋기

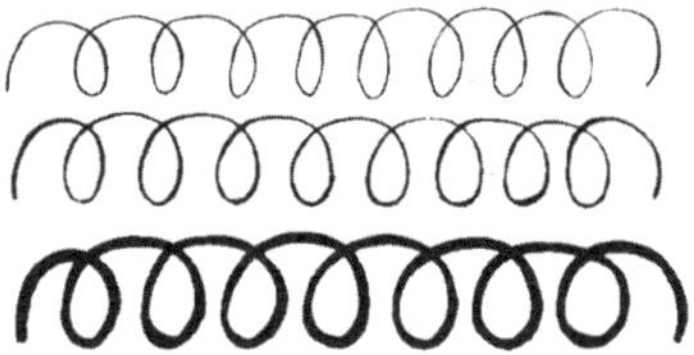

직선과 같이 굵기별로 연습한다. 같은 힘을 유지하여 가는 선부터 굵은 선까지 반복한다.

● 다양한 선 긋기

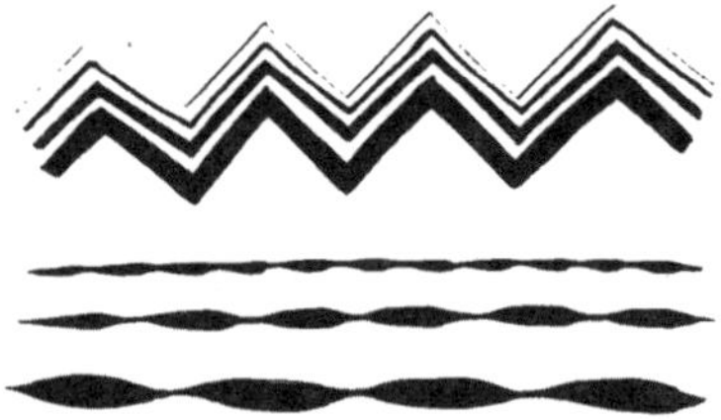

같은 방법으로 다양한 선 긋기 연습을 한다. 각진 모양부터 힘을 주었다 뺐다 하는 선까지 반복하여 많이 긋는다.

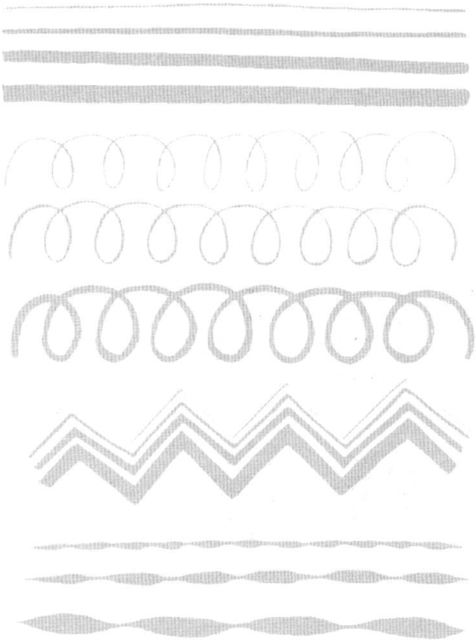

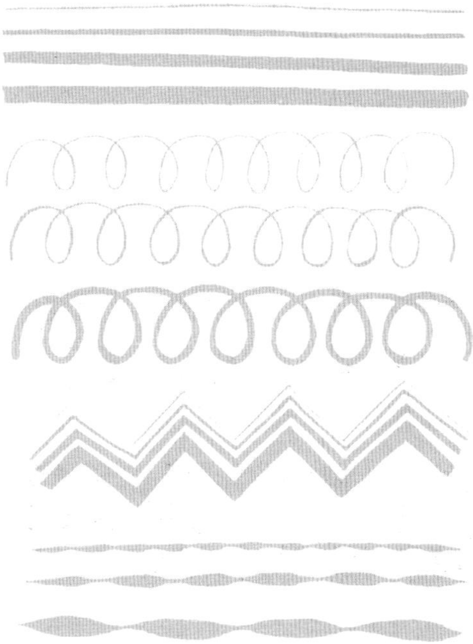

02 고딕체 따라 쓰기

●고딕체 자음 따라 쓰기

1. 직선 느낌으로 꺾이는 부분도 직각으로 쓴다.
2. 일정한 힘을 유지하여 처음 시작한 굵기로 끝까지 균일하게 쓴다.
3. 처음과 끝이 뾰족하지 않게 쓴다.

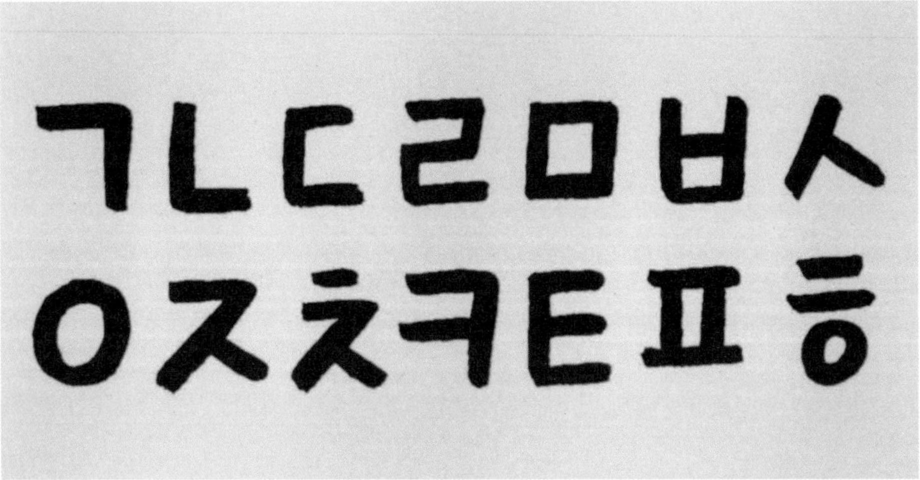

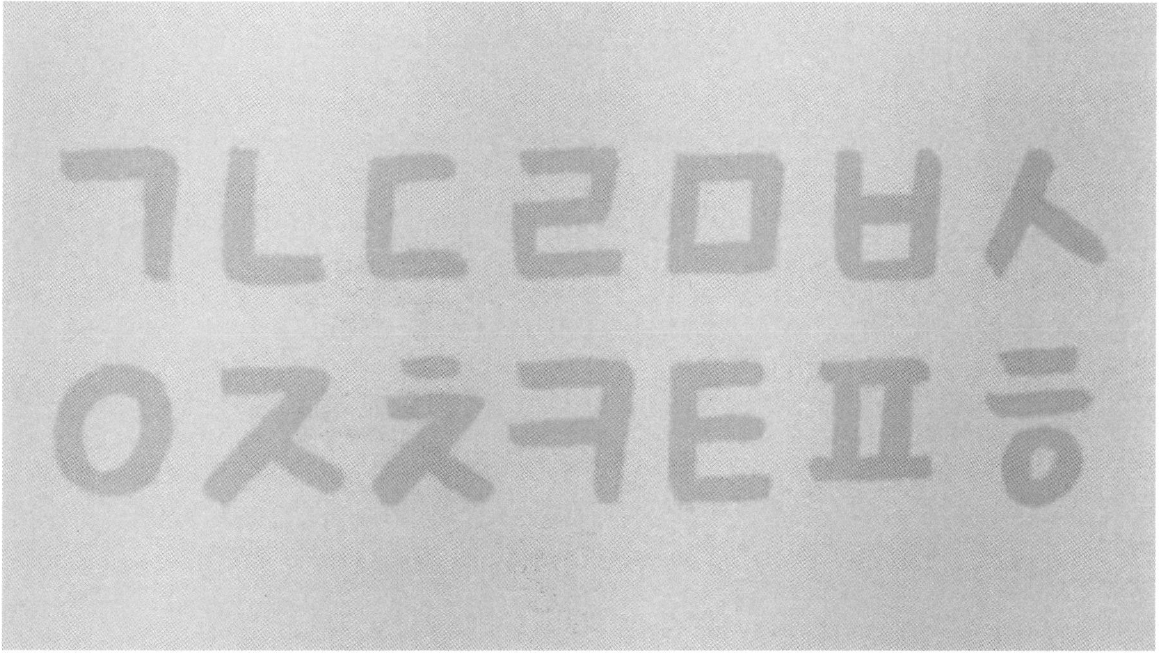
ㄱㄴㄷㄹㅁㅂㅅ
ㅇㅈㅊㅋㅌㅍㅎ

●고딕체 단어 따라 쓰기

1. 체본을 보고 관찰하여 정확하게 따라 쓴다.

2. 자음의 가로와 세로를 일정한 비율로 쓴다.

3. 모음의 가로와 세로도 같은 굵기의 획으로 직선이 되게 쓴다.

4. ㅏ, ㅑ, ㅜ, ㅠ, ㅗ, ㅛ, ㅡ 처럼 뒤에 음절과 맞닿아있는 경우는 부딪칠 수 있으니 너무 길게 빼지 않는다.

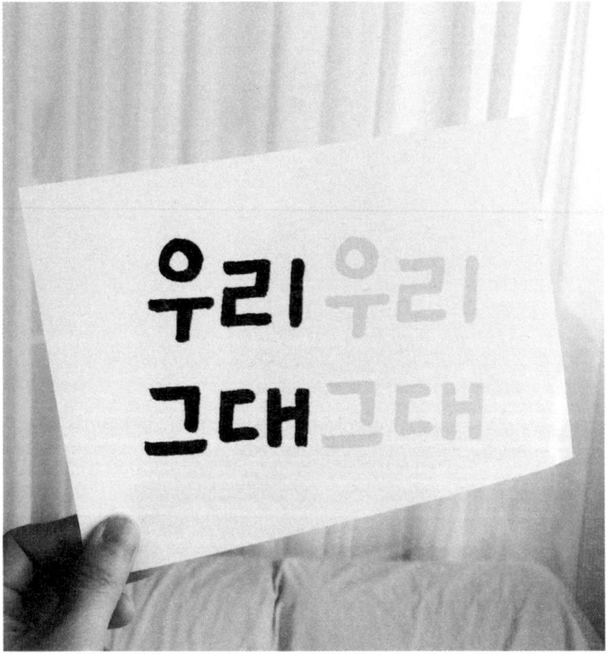

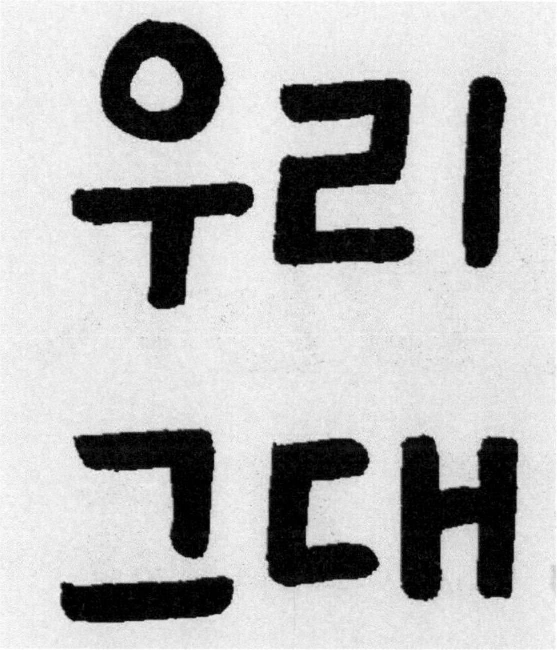
우리
그대

우리
그대

03 빗살체(사선) 따라 쓰기

직선 글씨에서 약간 변형된 형태. 사선 느낌이 나는 글씨로 경쾌하고 힘찬 느낌이다.

●빗살체 자음 따라 쓰기

1. 일정한 힘을 유지하여 처음 시작한 굵기로 끝까지 균일하게 쓴다.

2. 가로는 유지하고 세로만 왼쪽, 오른쪽 중 한 방향의 사선으로 쓴다.

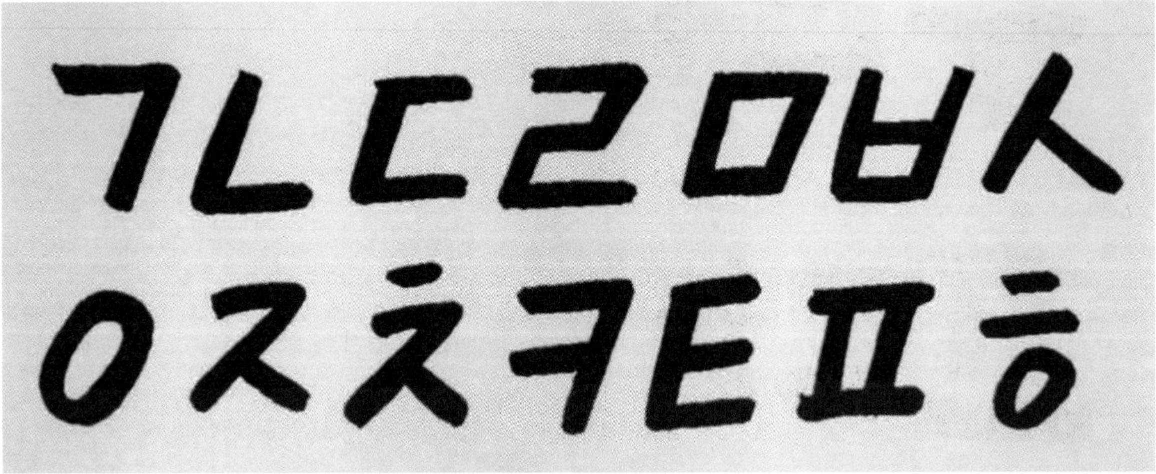

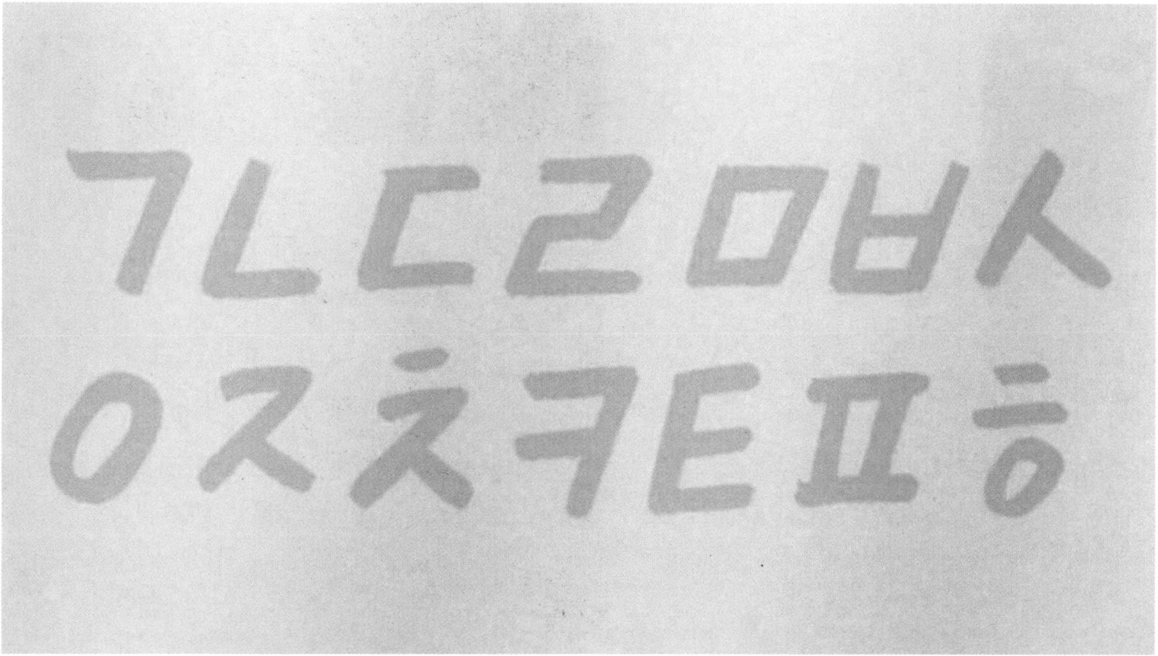
ㄱㄴㄷㄹㅁㅂㅅ
ㅇㅈㅊㅋㅌㅍㅎ

●빗살체 단어 따라 쓰기

1. 체본을 보고 관찰하여 정확하게 쓴다.

2. 자음의 가로는 수평을 유지하고 세로만 사선(한쪽 방향)으로 쓴다.

3. 모음도 가로는 수평, 세로만 사선으로 쓴다.

4. 자간이 너무 벌어지지 않게 모음의 가로는 너무 길게 빼지 않는다.

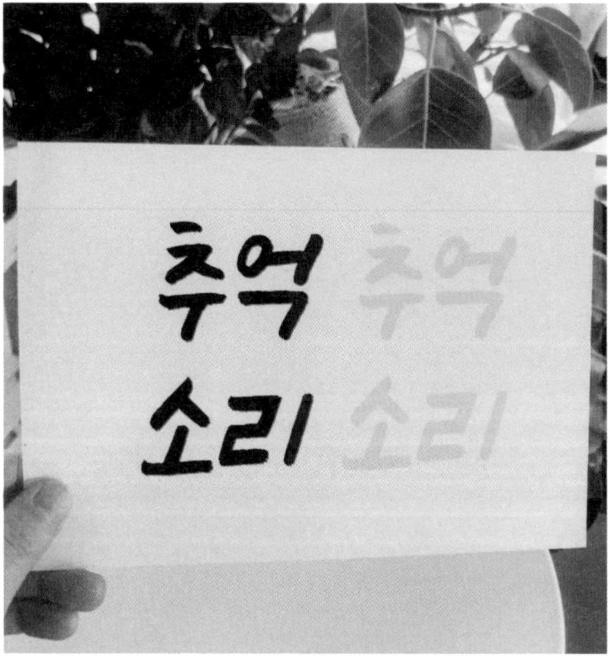

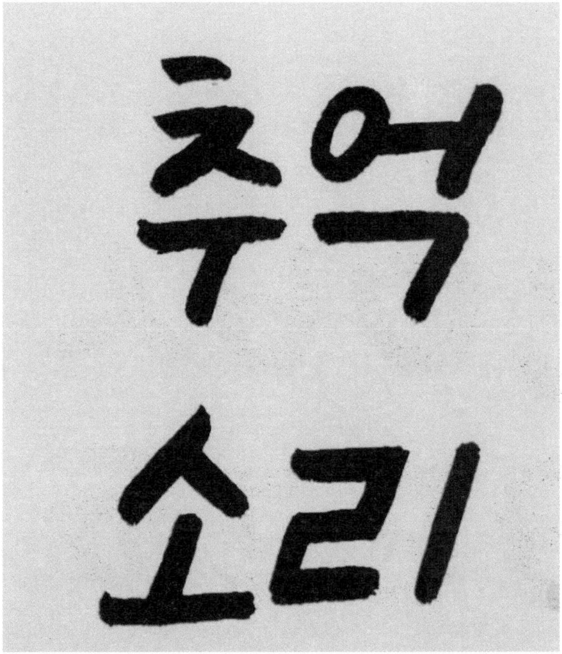
추억
소리

추억
소리

04 굴림체 따라 쓰기

일정한 굵기를 유지하면서 꺾이는 부분만 곡선으로 쓴다. 처음과 끝이 뾰족하지 않게 마지막까지 부드럽게 마무리한다. 말랑하고 사랑스러운 서체로 귀여운 느낌이 난다.

●굴림체 자음 따라 쓰기

1. 곡선 느낌으로 부드럽게 쓴다.

2. 처음부터 끝까지 일정한 힘을 주어 쓴다.

3. 가는 선보다는 굵은 획이 더 포근한 느낌이 든다.

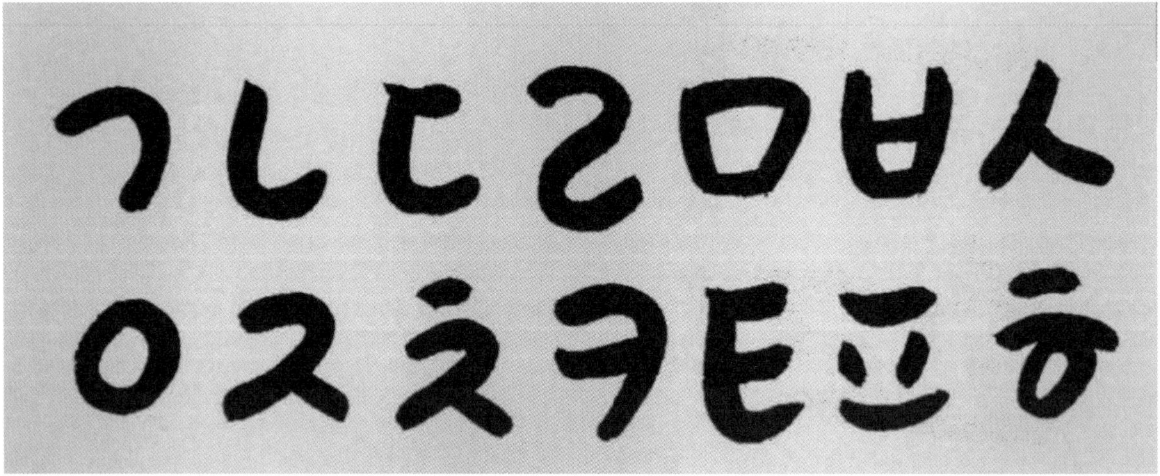

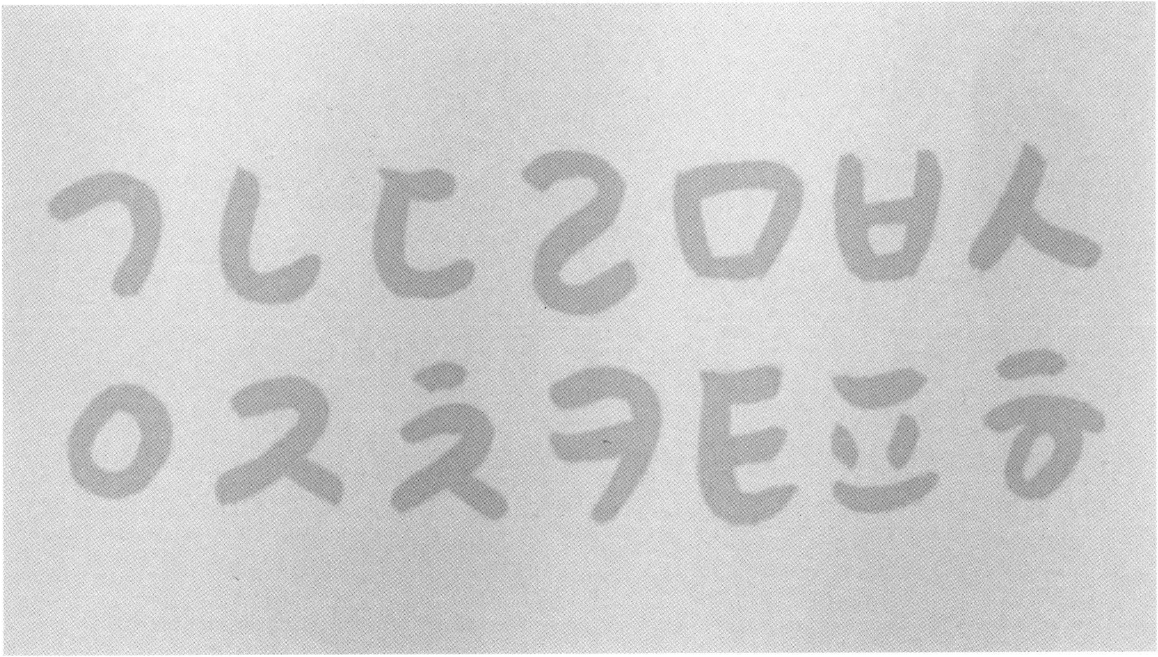
ㄱㄴㄷㄹㅁㅂㅅ
ㅇㅈㅊㅋㅌㅍㅎ

●굴림체 단어 따라 쓰기

1. 체본을 보고 관찰하여 정확하게 따라 쓴다.

2. 모음도 곡선을 유지하며 쓴다.

3. 처음부터 끝까지 획의 굵기를 유지하며 부드러운 느낌으로 쓴다.

4. 글자의 처음과 끝부분이 뾰족하지 않게 쓴다.

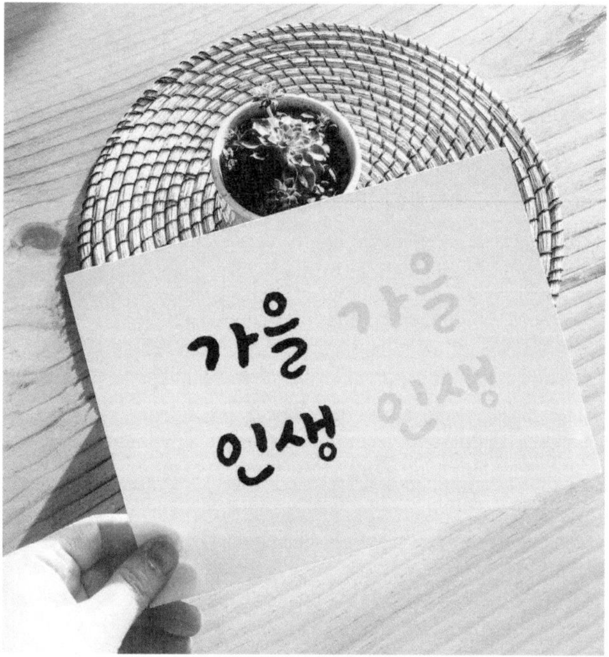

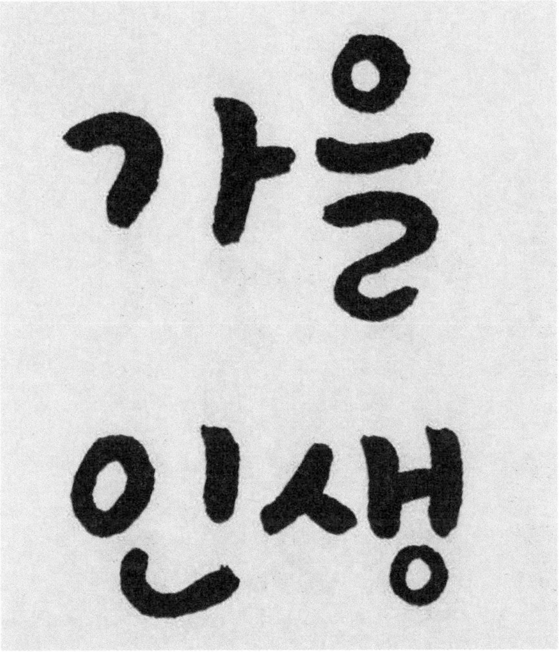
가을
인생

가을
인생

05 흘림체 따라 쓰기

흘림체는 필력을 활용하여 붓끝을 누르거나 살짝 들며 강약을 조절하여 쓸 수 있어 획의 굵기가 일정치 않다. 물 흐르듯 펜과 하나가 되어 쓰는 듯한 느낌을 받는다. 글귀의 의미를 강조하거나 감성을 표현하기가 효과적이다. 많은 사람이 흘림체를 쓰는 이유이기도 하다.

●흘림체 자음 따라 쓰기

1. 흘림 느낌으로 부드럽게 쓴다.
2. 필력을 이용해 힘을 주었다 빼기를 연습한다.
3. 선의 굵기가 달라지게 강약을 주며 쓴다.

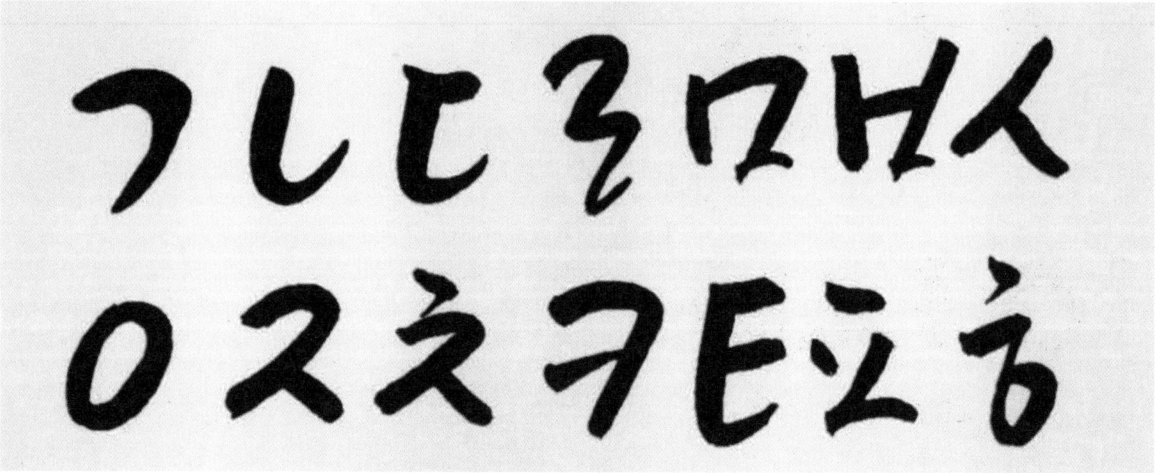

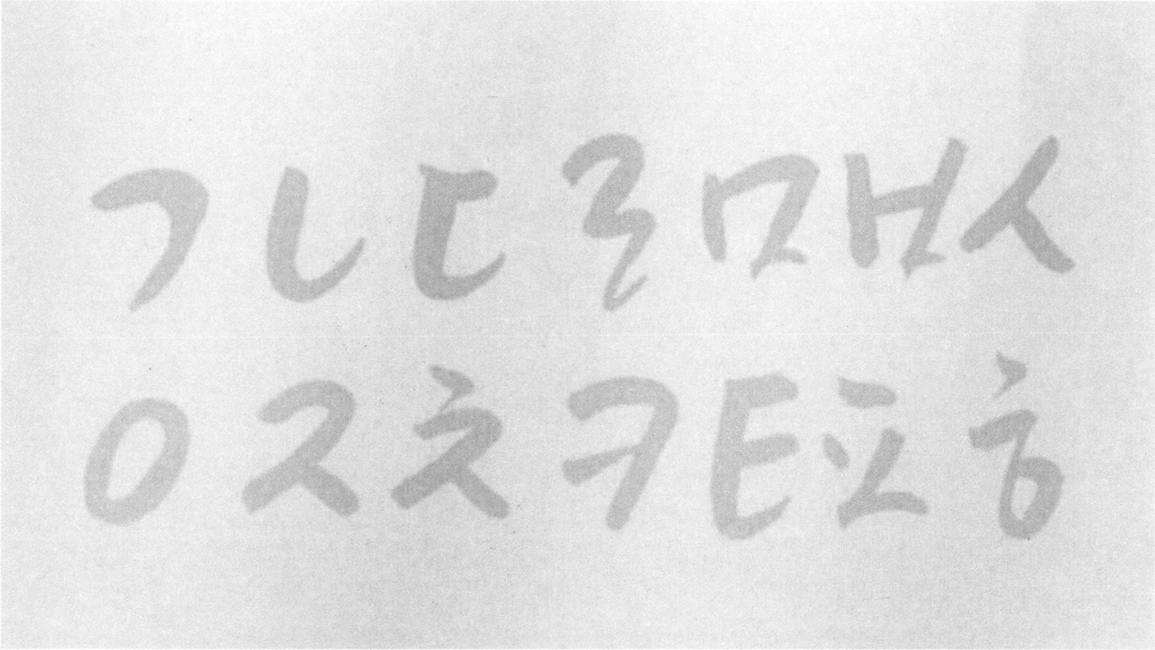
ㄱㄴㄷㄹㅁㅂㅅ
ㅇㅈㅊㅋㅌㅍㅎ

●흘림체 단어 따라 쓰기

1. 체본을 보고 관찰하여 정확하게 쓴다.

2. 필력을 이용해 강약을 주며 느낌 있게 쓴다.

3. 물 흐르듯이 부드럽게 쓴다.

4. 빠르게 필압을 이용해서 쓴다.

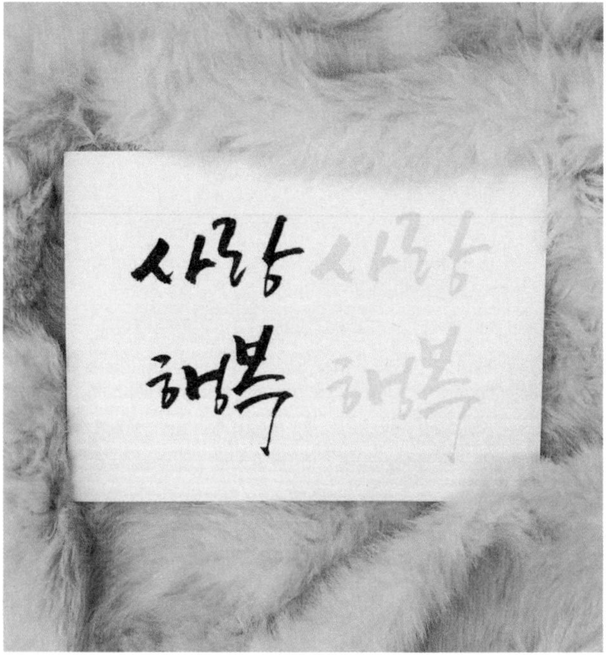

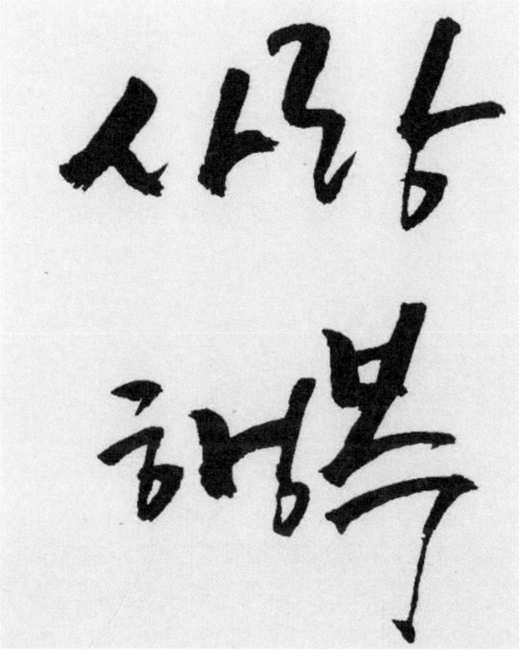
사랑
행복

사랑
행복

Chapter 03,

수채화 연습하기

글귀에 어울리는 간단한 그림을 연습한다. 캘리그라피는 감성적인 글쓰기다. 수채화 그림을 캘리그라피에 더하면 감성적인 느낌이 배가 된다.

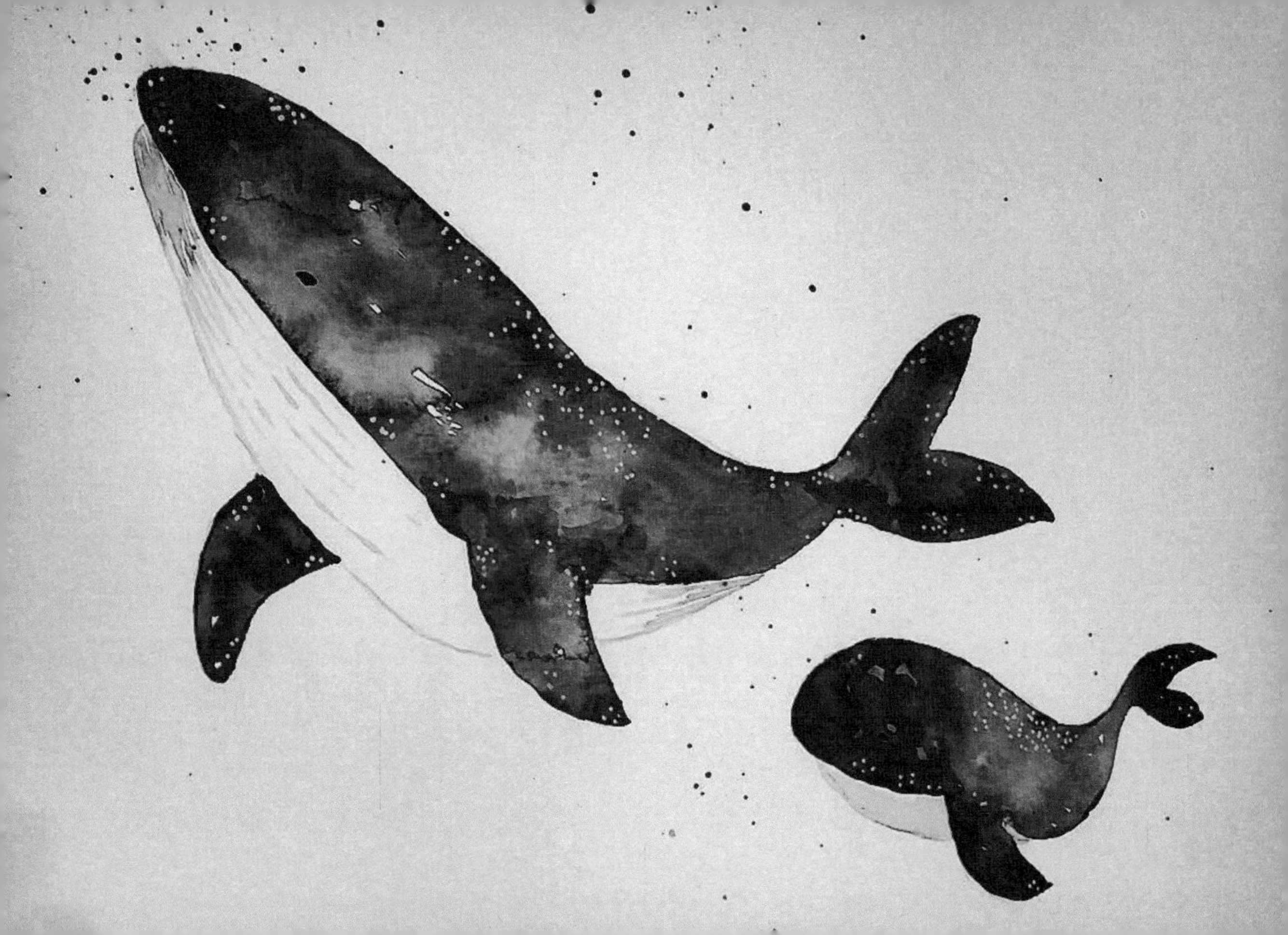

01 감성적인 꽃 그리기

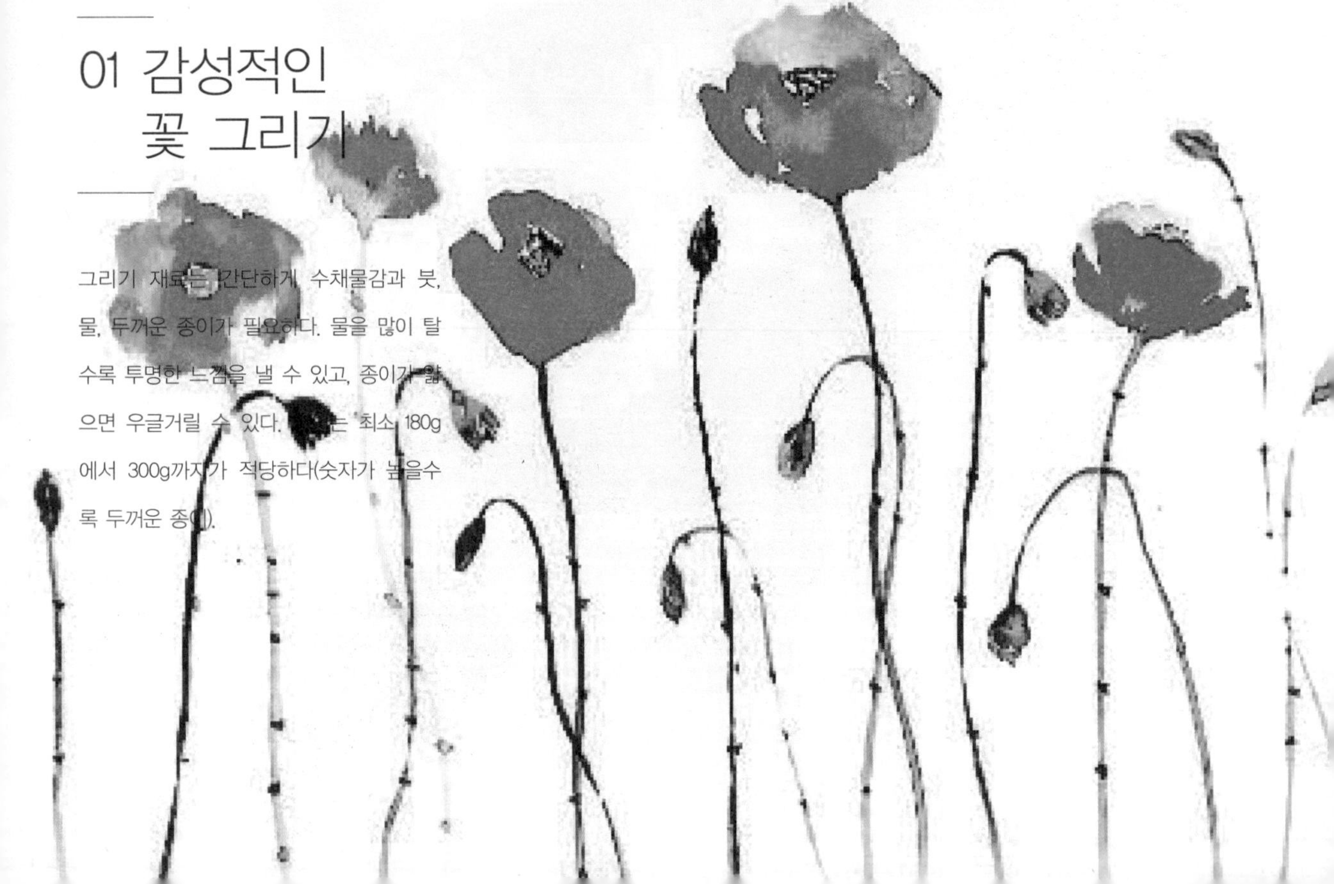

그리기 재료는 간단하게 수채물감과 붓, 물, 두꺼운 종이가 필요하다. 물을 많이 탈수록 투명한 느낌을 낼 수 있고, 종이가 얇으면 우글거릴 수 있다. [illegible]는 최소 180g에서 300g까지가 적당하다(숫자가 높을수록 두꺼운 종이).

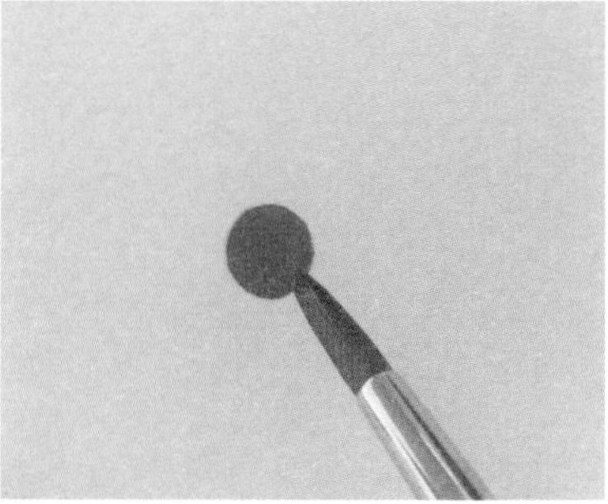

① 붓에 붉은색을 묻혀 작은 원을 하나 그린다.

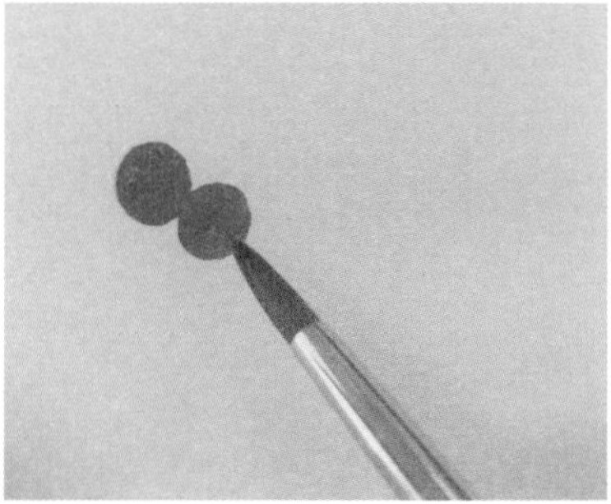

② 가운데를 비운다는 느낌으로 다섯 개의 원을 동그랗게 그린다.

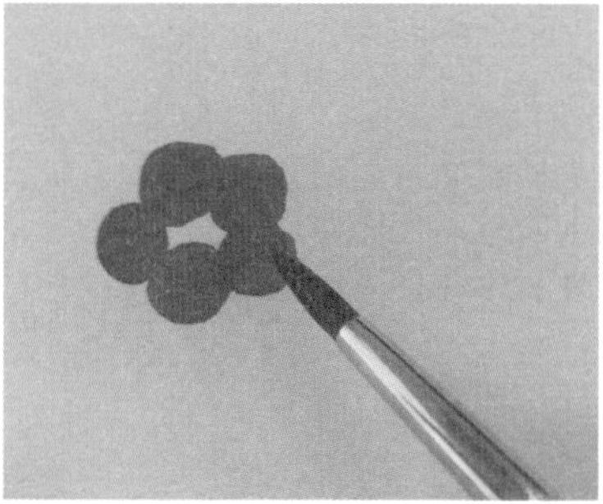

③ 하나의 꽃처럼 꽃잎의 경계를 붓으로 부드럽게 풀어준다.

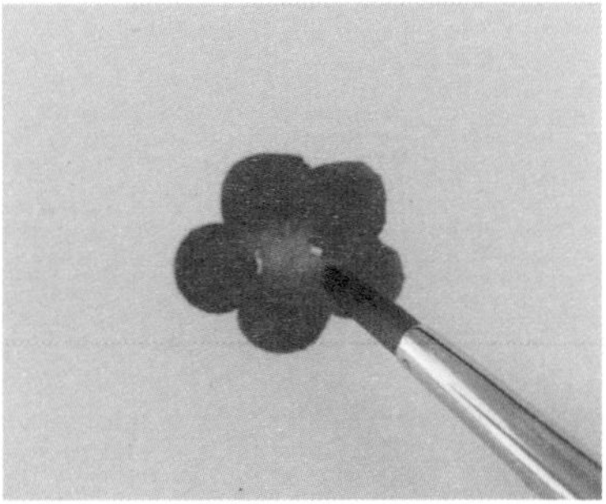

④ 가운데에 물을 많이 탄 노란색 물감을 떨어뜨려 꽃잎 방향으로 살짝 퍼지도록 표현하고 깨끗한 붓으로 물기를 닦아낸다.

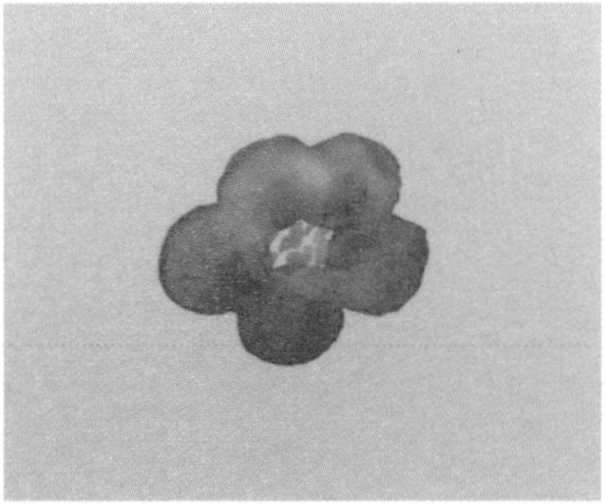

⑤ 꽃잎의 물감을 깨끗한 붓으로 덜어내 투명하고 맑은 꽃잎을 표현한다. 가운데에 노란색을 찍어 수술을 만들어 준다.

02 꽃잎 그리기

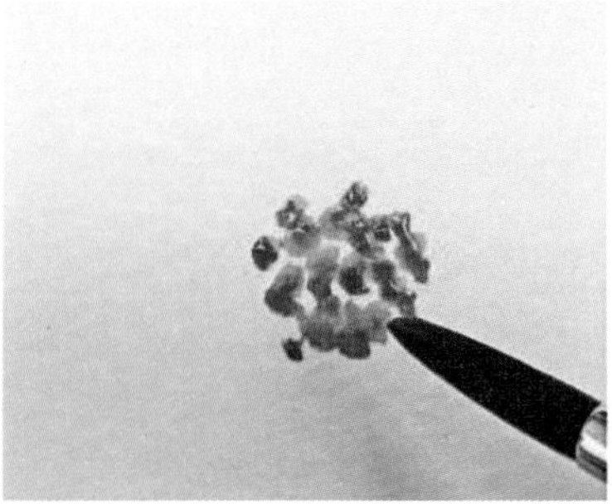

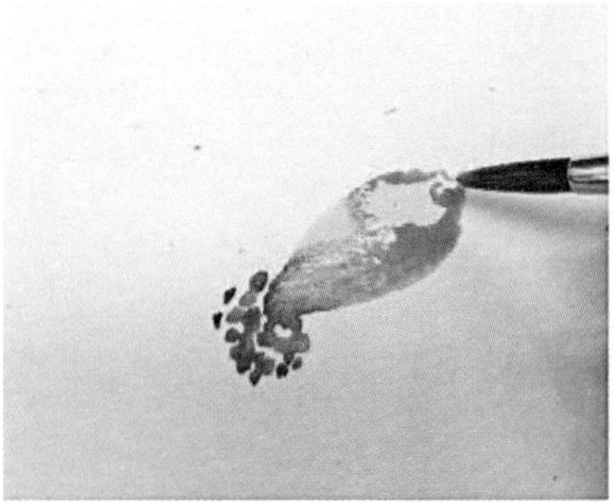

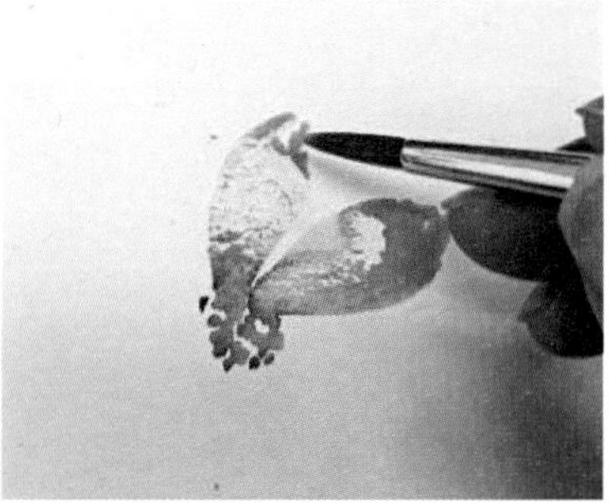

① 노란색 물감을 붓에 묻혀 중앙에 점을 콕콕 찍고, 사이사이에 갈색 점을 찍어 꽃 수술을 만든다.

② 꽃잎을 그릴 붉은색으로 위로 한번, 아래로 한번 반원을 그려 꽃잎을 그려준다(마르기 전 꽃 수술에 묻어있는 물감으로 끌어가도 색감이 나온다).

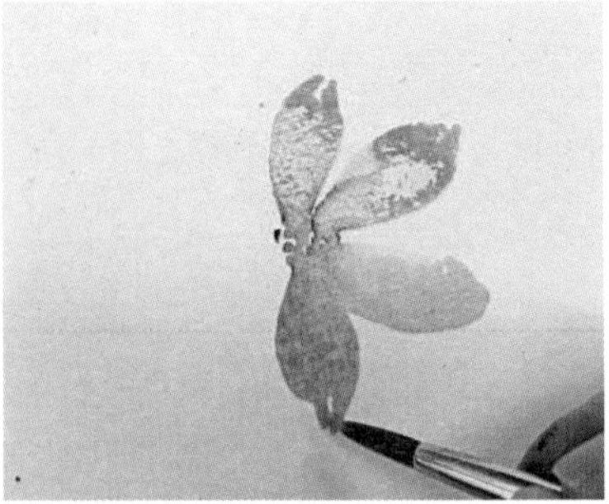

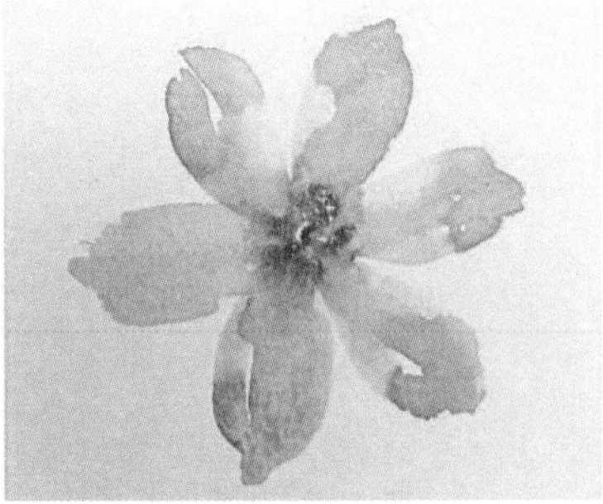

③ 6~8개의 꽃잎을 돌려가며 그려준다.

+ 꽃잎의 길이를 다르게 하면 여러 방향의 꽃잎이 나온다. 위에만 긴 꽃잎은 밑에서, 아래만 긴 꽃잎은 위에서 바라본 느낌이 된다.

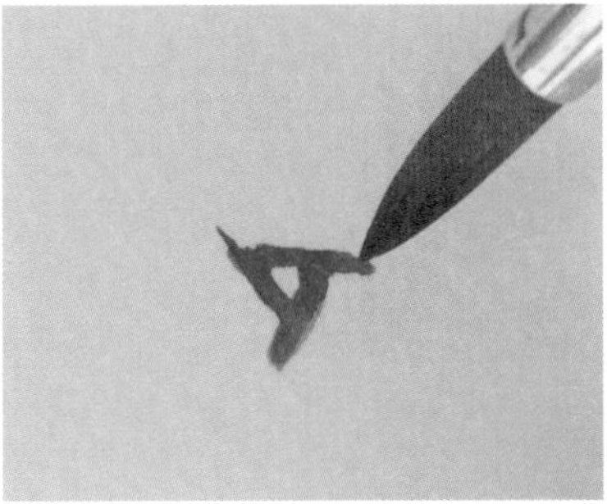

① 붓에 원하는 색을 묻혀 삼각형을 그린다.

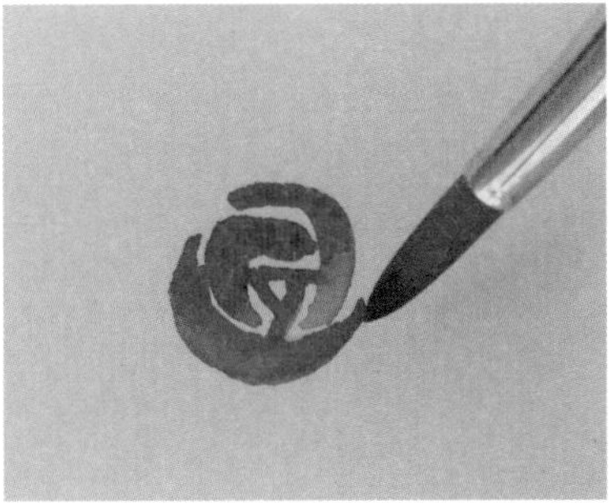

② 엇갈리며 포개듯이 반달 모양으로 삼각형을 감싸준다.

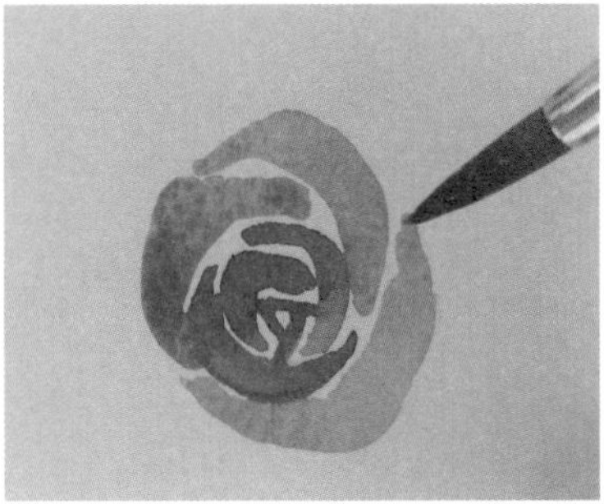

③ 바깥쪽으로 갈수록 꽃잎이 넓고 열어지도록 그린다.

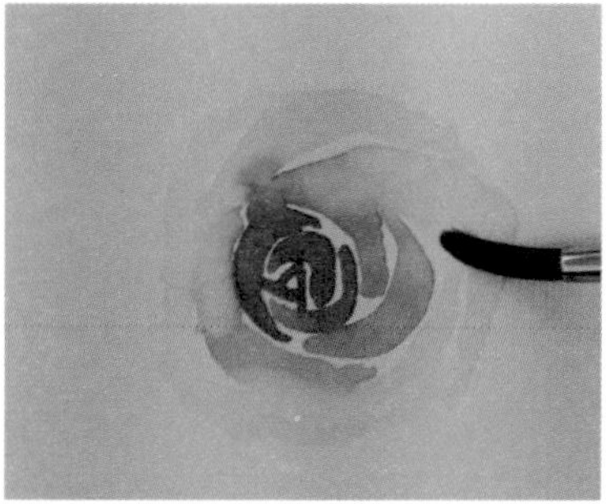

④ 마지막에 붓을 물로 빨아낸 후, 꽃잎의 마지막 물감 부분을 물로 넓게 펴주면 투명하고 맑은 느낌의 장미꽃이 완성된다.

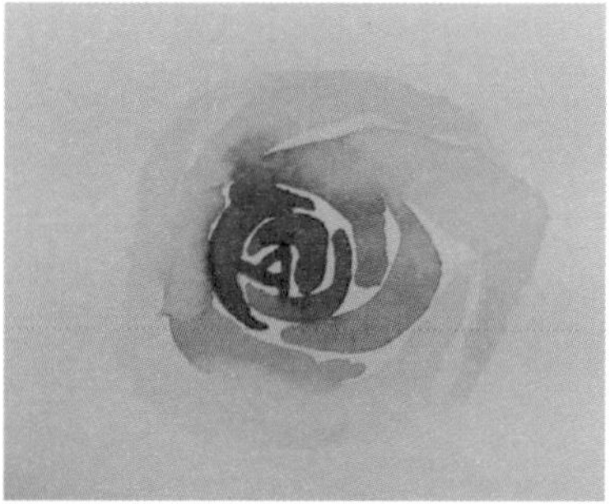

+ 꽃잎의 마지막 부분을 밑에만 넓게 하거나 방향을 왼쪽이나 오른쪽으로 향하게 하면 다양한 위치에서 바라본 느낌이 난다.

04 꽃다발로 그리기

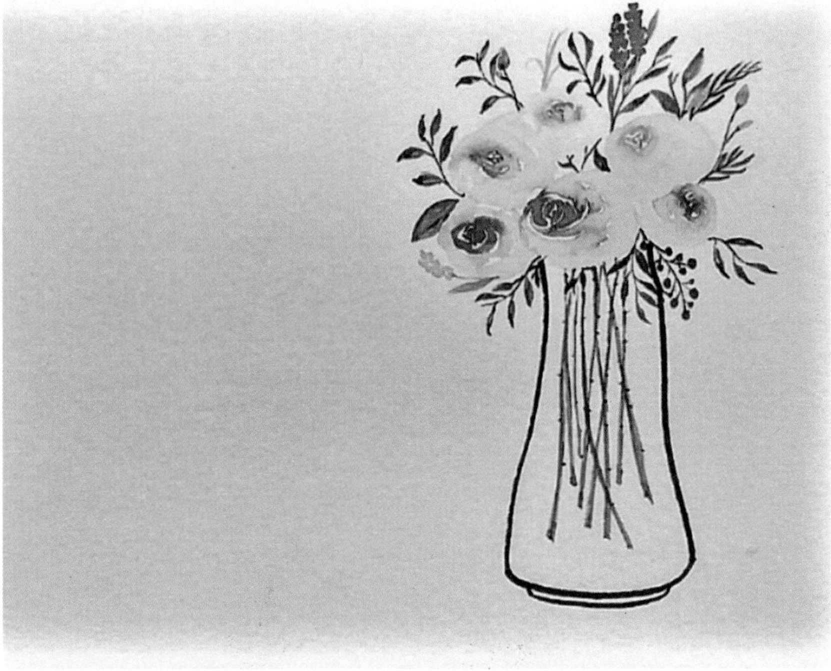

+ 지금까지 연습한 다양한 꽃들을 모아서 그린다.

+ 중심에는 큰 장미꽃을 색깔별로 여러 개 그려 넣고 가장자리는 작은 꽃잎이 있는 꽃들과 기본 꽃을 균형 있게 배치하여 그려 넣는다.

+ 다양한 초록색으로 줄기와 나뭇잎을 그려 넣는다. 줄기는 가늘게 살짝 곡선 느낌으로 그린다. 나뭇잎은 반달 모양으로 위로 한번 아래로 한번 그린다.

+ 전체적으로 덩어리 감이 있게 모아서 표현한다.

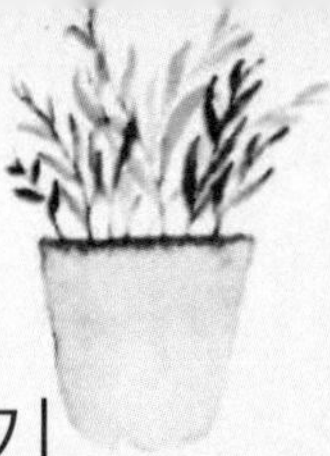

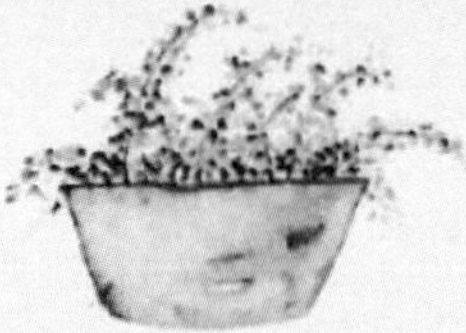

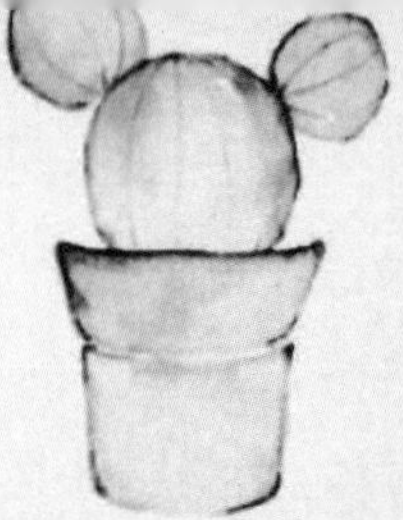

02 싱그럽게 식물 그리기

다양한 화분 및 식물을 그려보자. 식물의 생김에 따라 그리는 방법이 달라지므로 자주 그려서 자신만의 방법을 익히는 것이 좋다.

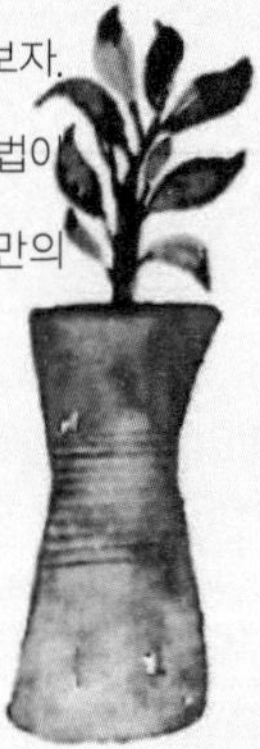

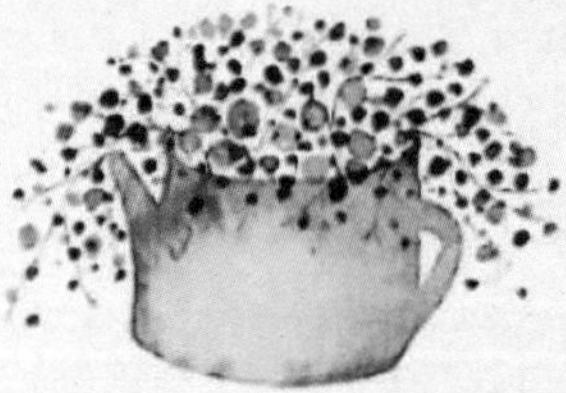

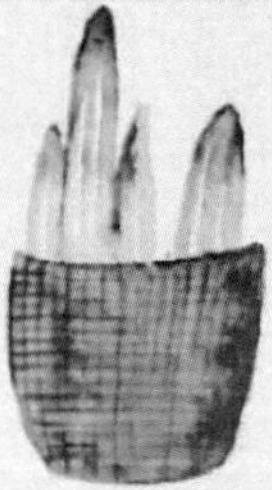

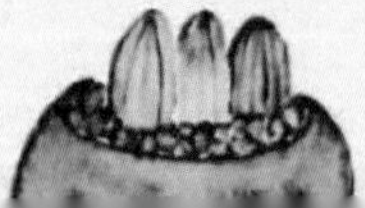

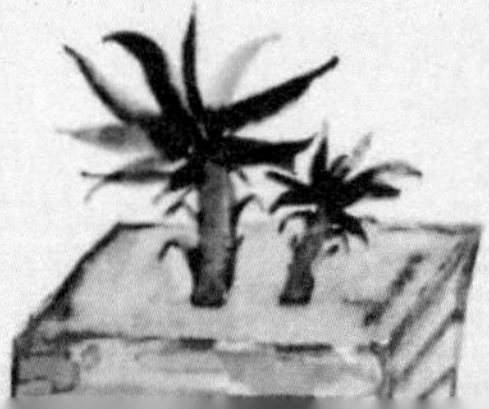

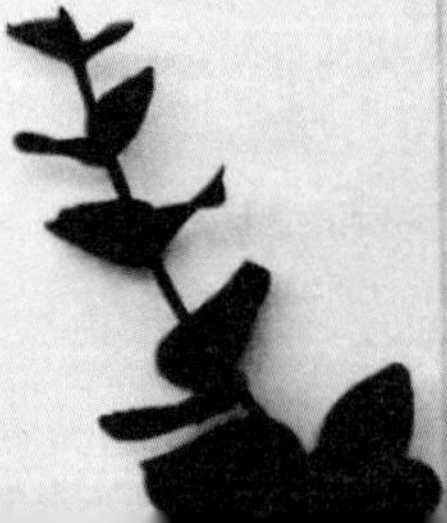

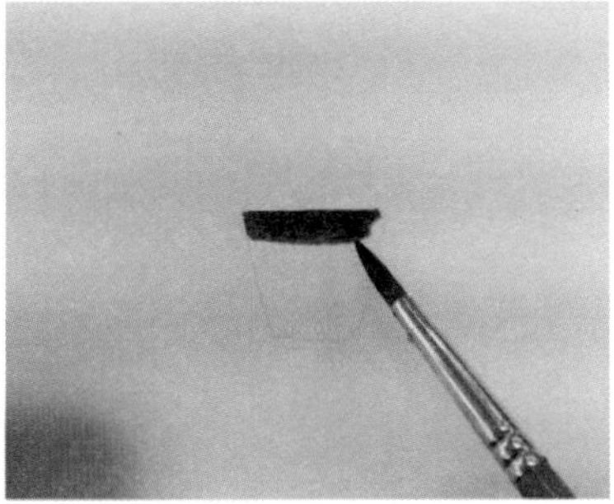

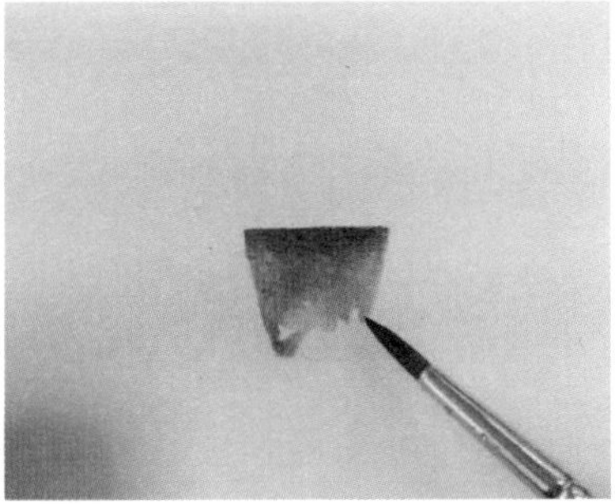

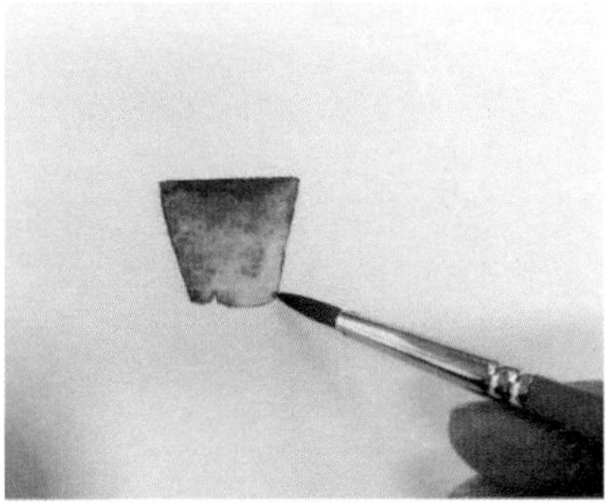

① 원하는 화분 모양으로 스케치를 한 후 한 가지 색으로 화분 윗부분을 진하게 칠한다.

② 붓을 물에 씻은 후, 진한 부분의 물감을 물로 펴주면서 전체적으로 칠한다.

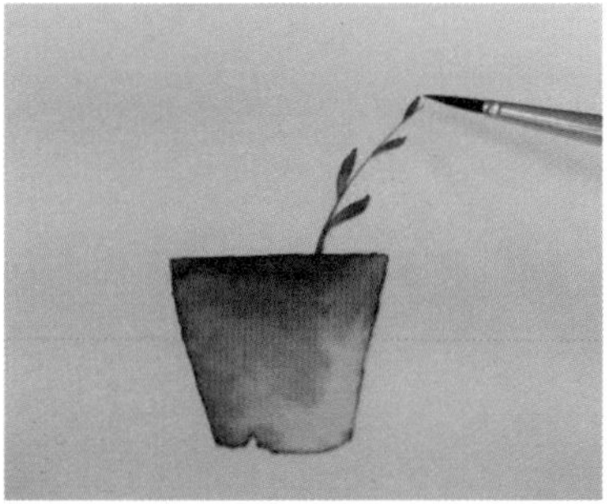

③ 화분 윗부분에 붓을 세워서 초록색으로 최대한 가늘게 줄기를 그린다. 초록색으로 꽃잎 그리듯이 반원 두 개를 합친 모양으로 잎을 그리는데 위로 갈수록 작게 그린다. 잎의 모양은 길쭉한 잎, 동그란 잎, 뾰족한 잎 등 다양하게 그린다.

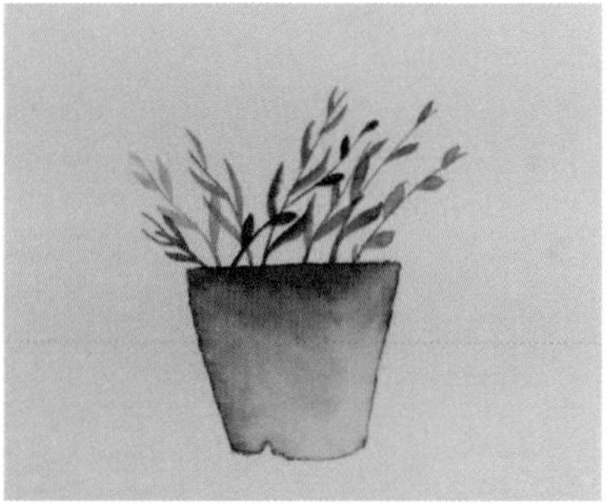

④ 줄기는 직선보다는 약간 휘어지는 곡선으로 그린다. 줄기 사이사이 다양한 줄기의 모습이 되도록 조금씩 다른 색을 섞어서 그린다.

02 선인장 그리기

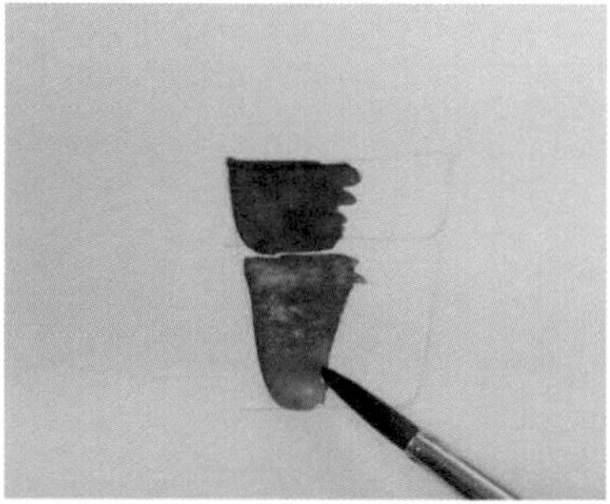

① 스케치한 화분에 파란색 계열의 물감으로 색을 칠한다.

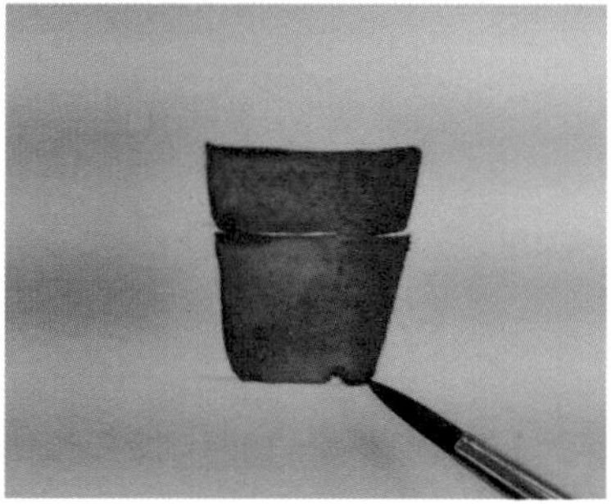

② 화분의 반대쪽에서부터 비슷한 색을 섞어 칠한다(끝부분에 보색(반대색)을 살짝 칠해주면 낡은 빈티지 화분이 된다).

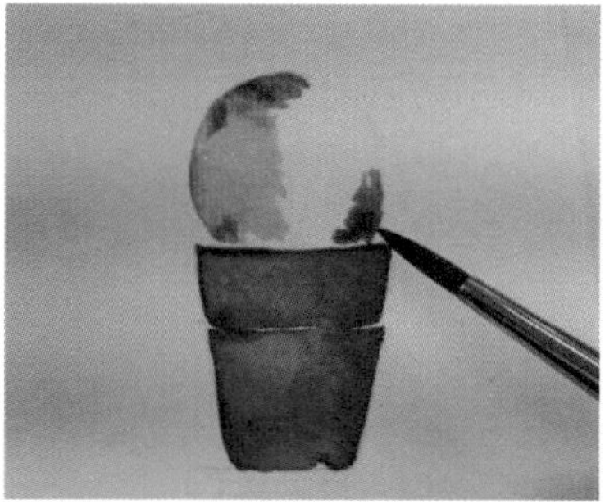

③ 동그란 선인장 가장자리에 진한 녹색을 칠한 후 물로 펴 준다. 반대편에도 다른 녹색으로 칠한 후 물로 펴 준다.

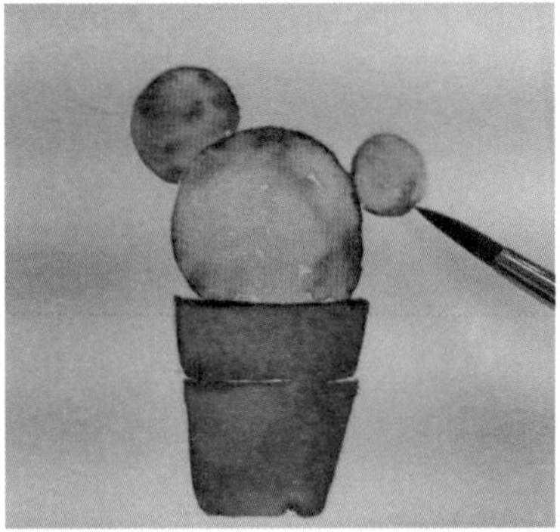

④ 작은 선인장들은 옅은 녹색을 바른 후 물로 펴 준다.

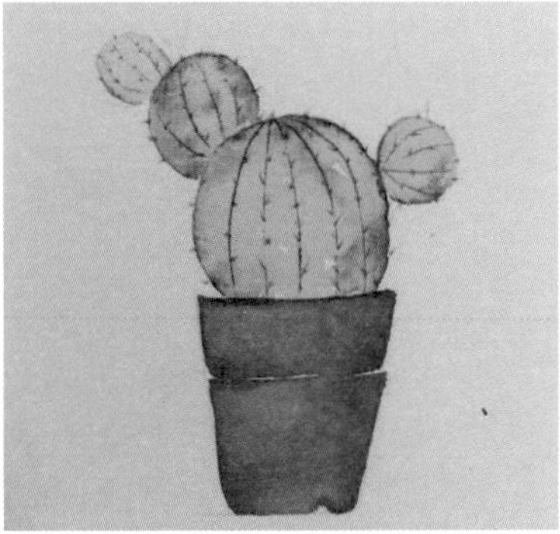

⑤ 마지막으로 가는 붓이나 펜으로 세로로 얇은 줄을 긋고 가시를 찍는다(이 부분은 생략하고 초록색 선인장으로만 표현해도 된다).

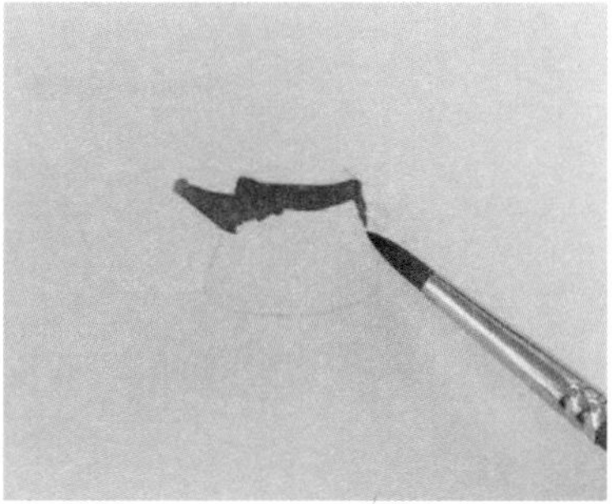

① 원하는 모양의 화분을 스케치하고 분홍색 종류의 물감을 펴 바른다.

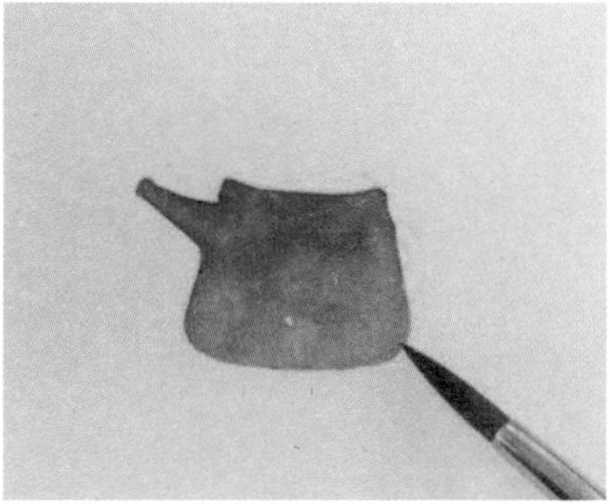

② 붓을 물에 빤 후 진한 부분의 물감을 물로 펴주면서 전체적으로 칠한다.

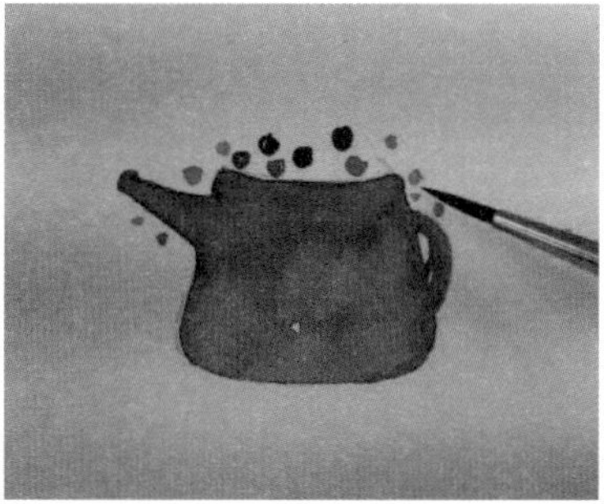

③ 식물의 잎은 다양한 녹색으로 크기가 다르게 점을 찍어준다.

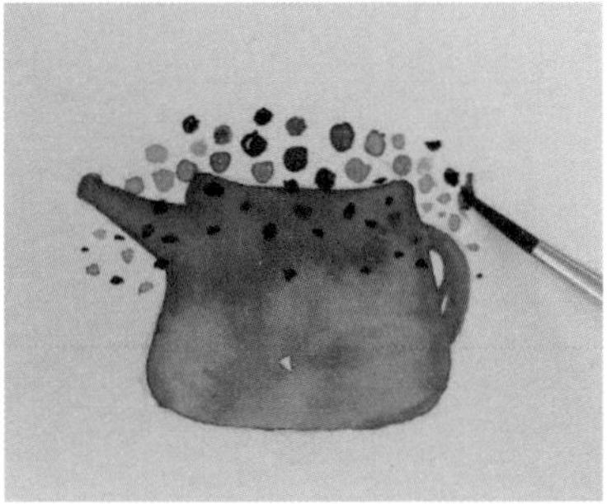

④ 덩굴식물은 녹색 물감을 찍고난 후 물을 찍어 점을 찍어준다. 전체적으로 퍼져 보이도록 중심부는 크게, 주변부는 작게 점을 찍는다. 점을 여러 번 찍으면 녹색이 흐려져 자연스러워진다.

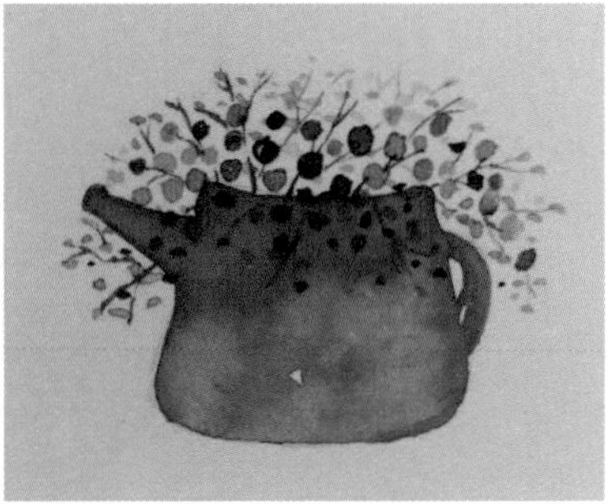

⑤ 마지막으로 가는 붓에 갈색을 묻혀 얇게 줄기를 그려준다. 붓 대신 가는 펜으로 그려도 된다(화분의 윗부분에 끈을 그려 넣으면 매달린 화분 표현도 가능하다).

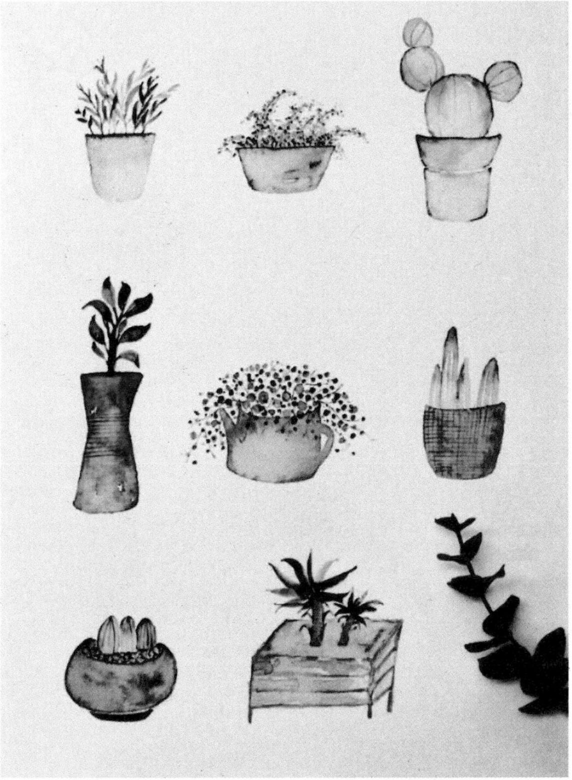

04 여러 화분 모아 그리기

앞에서 배운 식물과 화분을 참고로 주변의 식물이나 사진속의 식물을 그려본다.

주위에 있는 식물과 화분의 모양을 살펴보면 다양하게 연습해 볼 수 있다.

배웠거나 연습했던 식물과 꽃을 커다란 화분에 구성해 꽃바구니로도 표현할 수 있다.

03 과일 그리기

싱그럽고 상큼한 과일은 수채화로 표현하기 좋다. 과일을 수채화로 그려보고 조금만 응용하면 더 많은 과일을 그려 낼 수 있다.

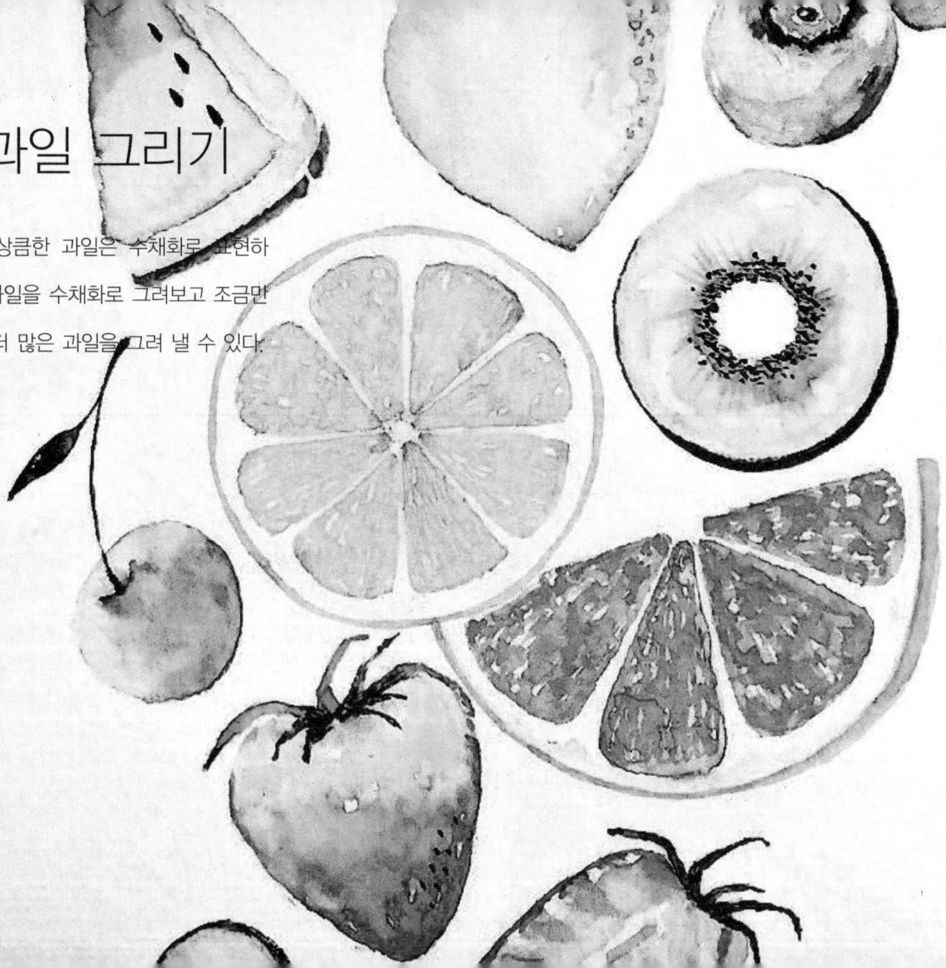

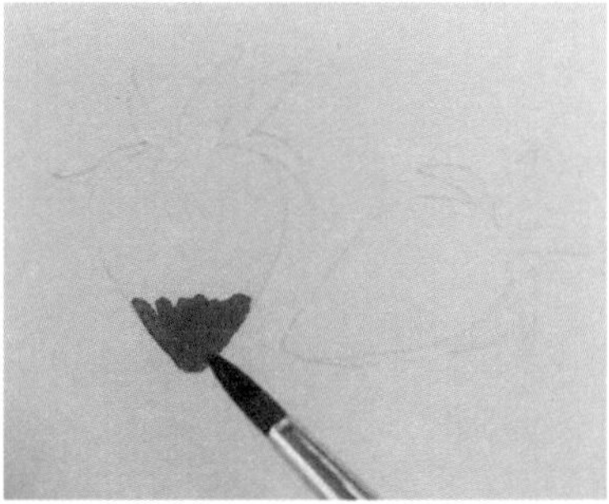

① 역삼각형 모양의 딸기와 윗부분에 꼭지를 스케치한다. 뾰족한 끝부분부터 진한 빨간색을 바른다.

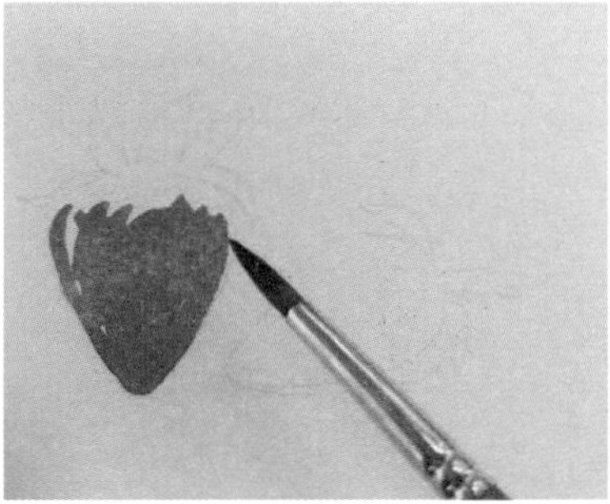

② 딸기 윗쪽은 붓을 빨아서 진한 색을 위로 펴 바른다.

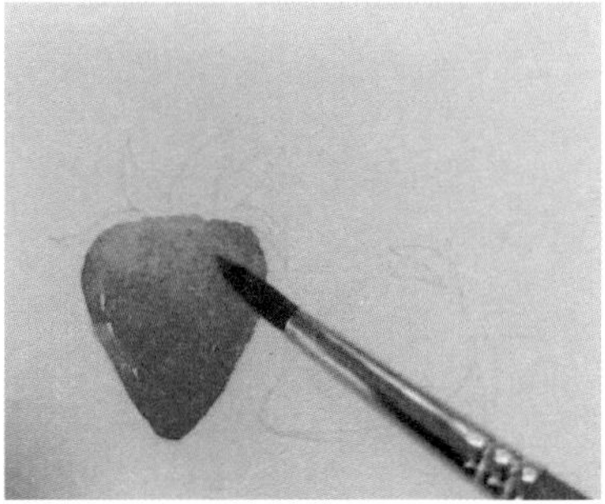

③ 꼭지와 연결되는 부분은 연하게 노랑을 칠한다. 붓을 자주 물에 빨아서 펴 바를수록 투명해져 덜 익은 느낌의 딸기가 된다.

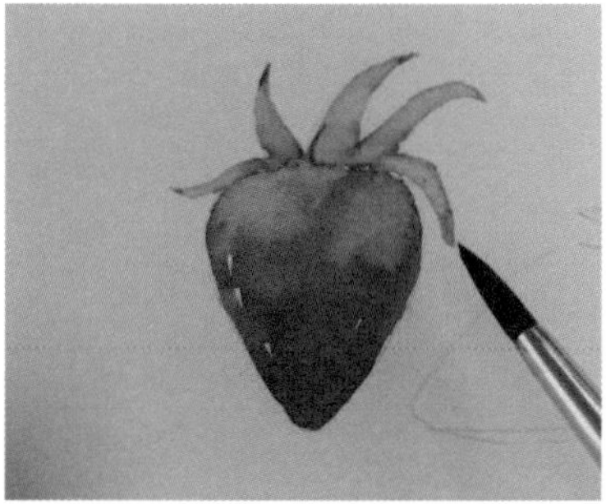

④ 딸기색이 마른 후 초록으로 꼭지를 칠한다.

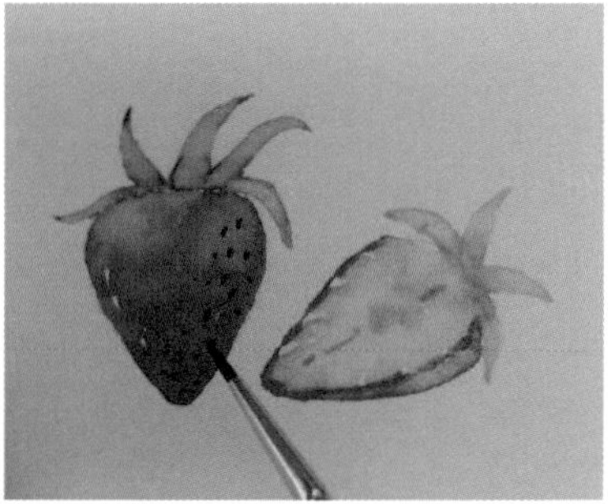

⑤ 마지막에 검은색으로 점을 찍어 씨를 표현한다. 비슷한 방법으로 잘린 모양도 표현할 수 있다. 잘린 모양의 단면은 더 연하고 투명한 느낌이 나게 표현한다.

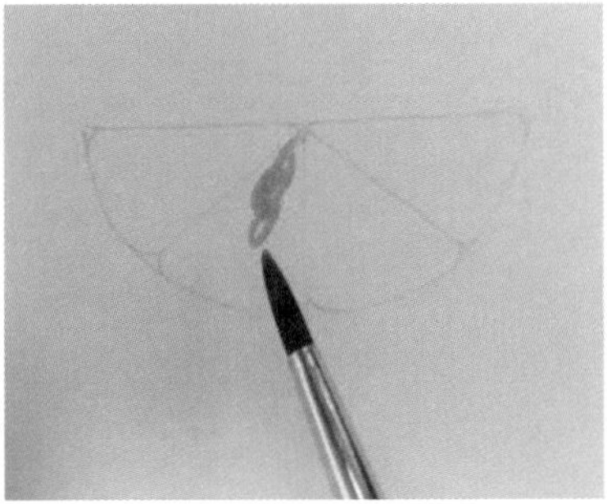

① 오렌지가 네 등분으로 나누어진 반원 모양을 스케치한다. 네 개의 삼각형 밑 부분의 모서리는 둥글게 깎아준다.

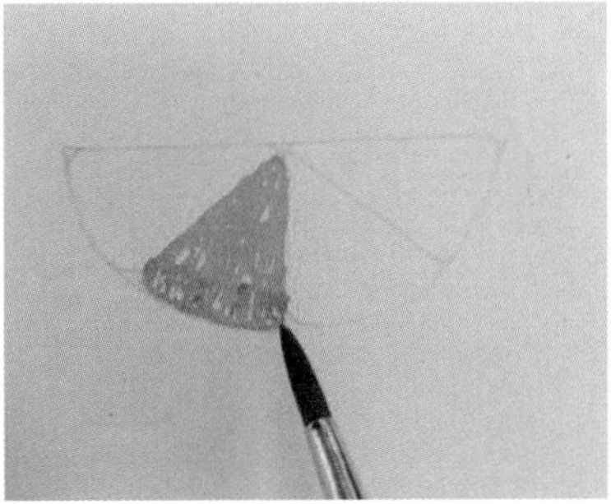

② 노란 물감으로 네 개의 삼각형 안쪽을 얼기설기 그물형태로 칠한다.

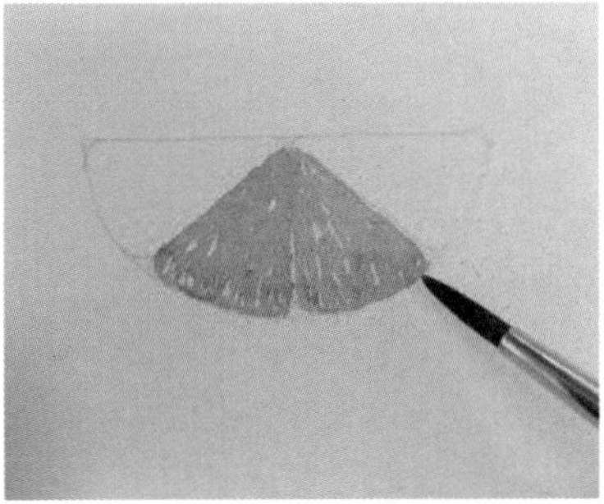

③ 동일한 방법으로 나머지 네 개의 삼각형을 채운다.

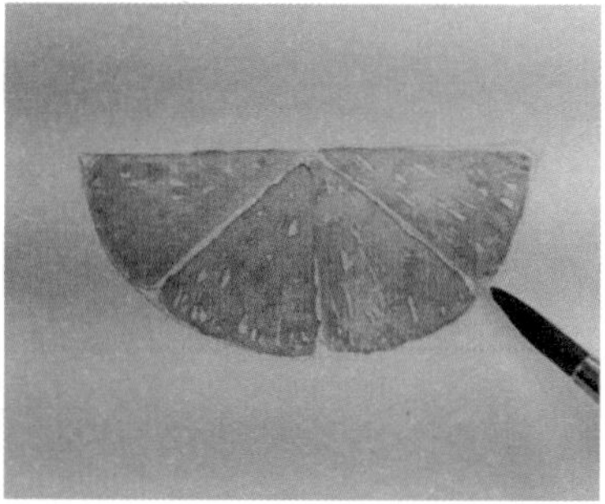

④ 밑 부분에 주황색을 살짝 칠한 후에 물 한 방울을 떨어뜨리면 그물처럼 얽힌 사이사이를 물이 타고 들어가 알알이 살아있는 느낌을 표현할 수 있다.

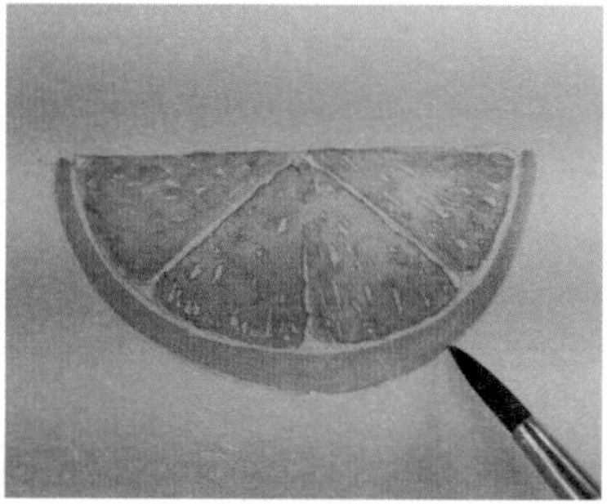

⑤ 마지막으로 바깥쪽을 감싸듯이 반원을 그려 껍질을 표현한다.

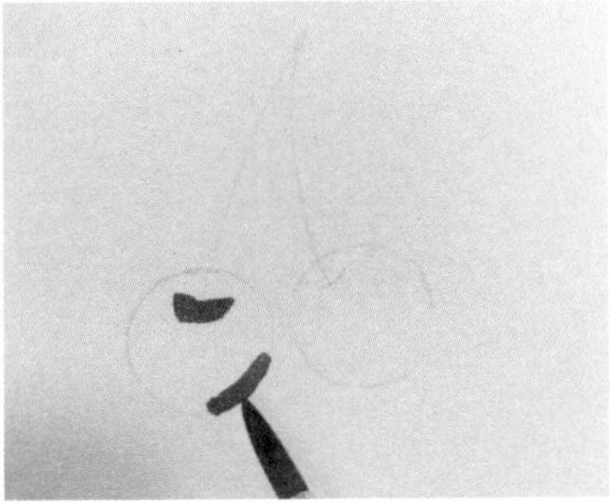

① 작은 원을 그린 후 꼭지 부분의 움푹 패인 곳과 밑부분만 진한 빨강을 바른다.

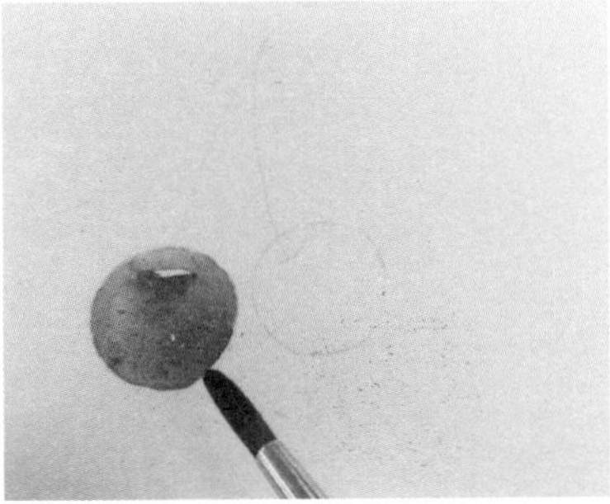

② 진한 부분에서 다른 부분으로 붓을 빨아 물로 펴주면 꼭지 부분 들어간 곳과 그늘진 밑부분이 음영으로 표현되어 입체감이 생긴다.

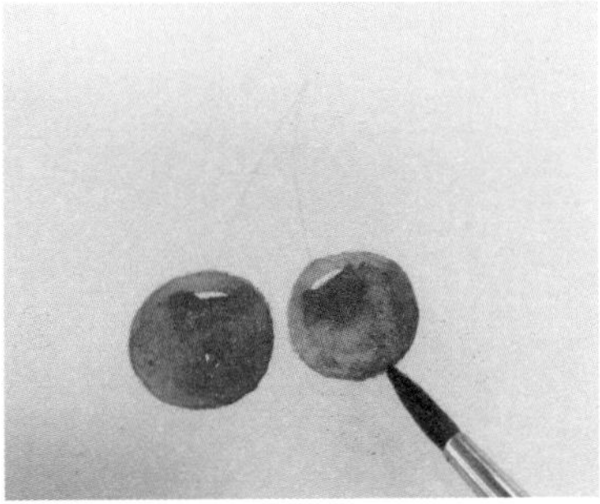

③ 동일한 방법으로 하나를 더 그린다.

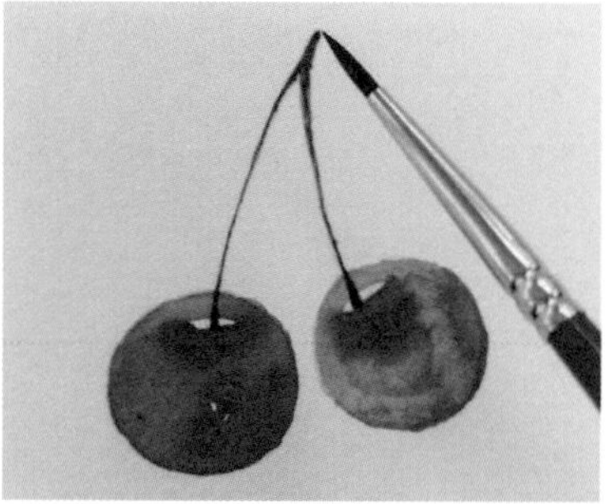

④ 마지막에 꼭지는 녹색과 갈색을 섞어 길게 칠한다.

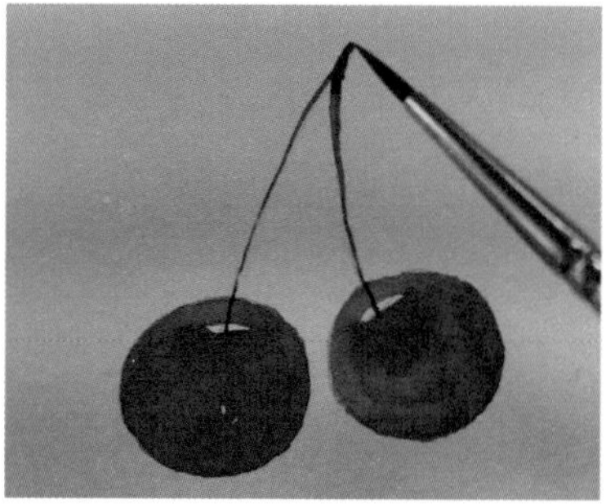

⑤ 두 개를 연결하면서 줄기 끝부분은 둥글고 길게 표현한다.

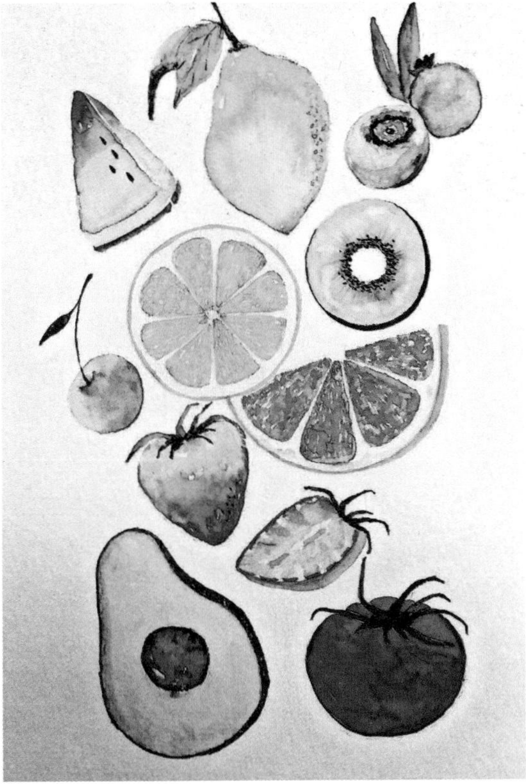

04 과일 모아 그리기

배운 과일을 연습한 후 모아서 그려본다. 좋아하는 과일을 골라서 비슷한 방법으로 그릴 수 있다.

+ 오렌지를 그리는 방법으로 색깔만 바꿔서 노란색만 들어간 레몬, 주황색만 들어간 자몽도 그려본다.

+ 체리 그리는 방법으로 붉은색과 연두색을 섞어서 사과, 보라색과 남색을 섞어서 블루베리를 그려본다.

+ 딸기 그리는 방법으로 진한 빨간색의 토마토, 진한 주황색의 감도 그려본다.

04 마스킹테이프 사용하기

시중에서 쉽게 구할 수 있는 마스킹테이프로 캘리그라피 표현을 할 수 있다. 여러 종류의 테이프를 활용해 글씨가 되기도 하고, 배경이 되기도 하는 다양한 방법을 알아본다.

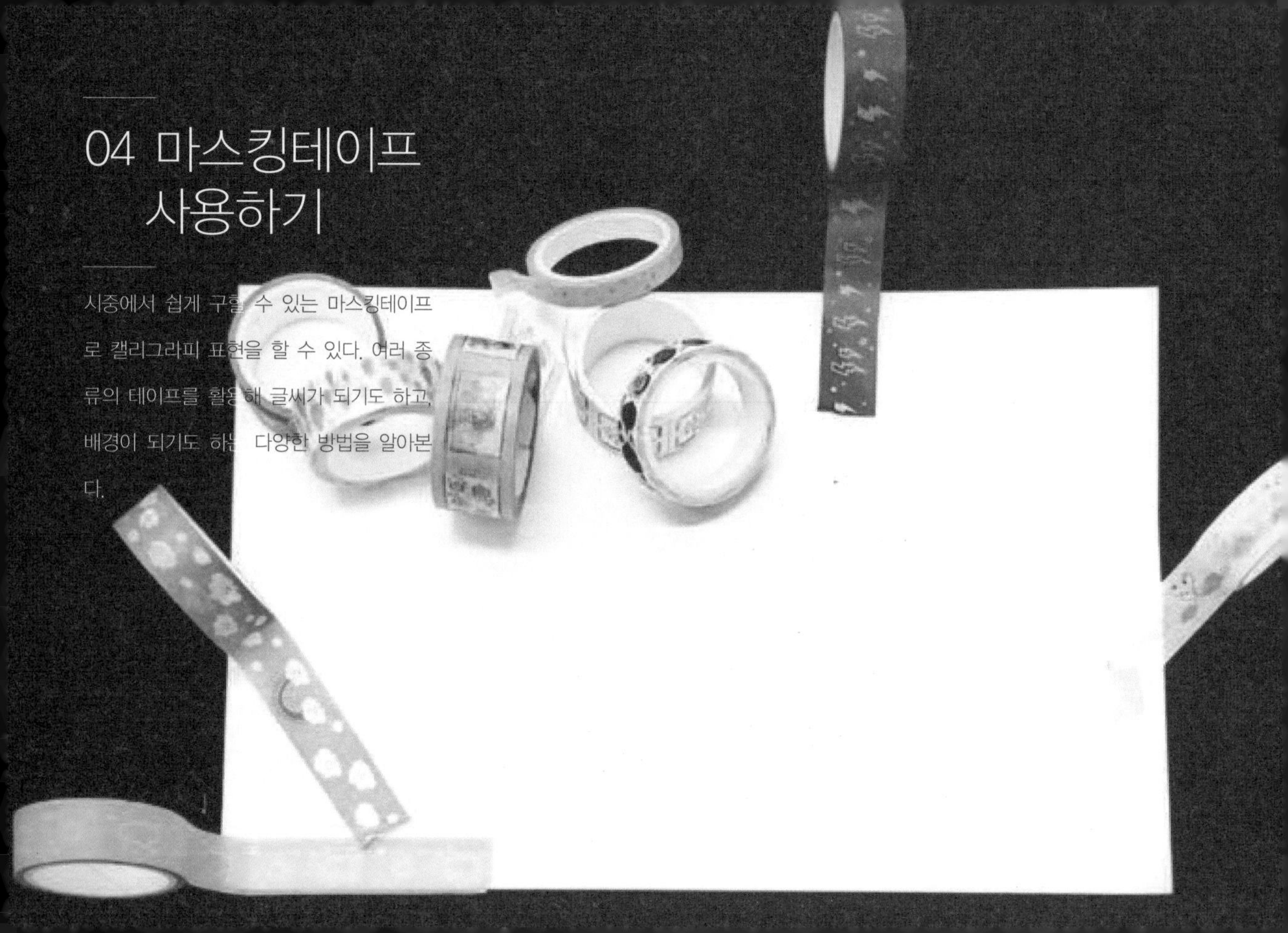

01 테이프로 글씨 쓰기

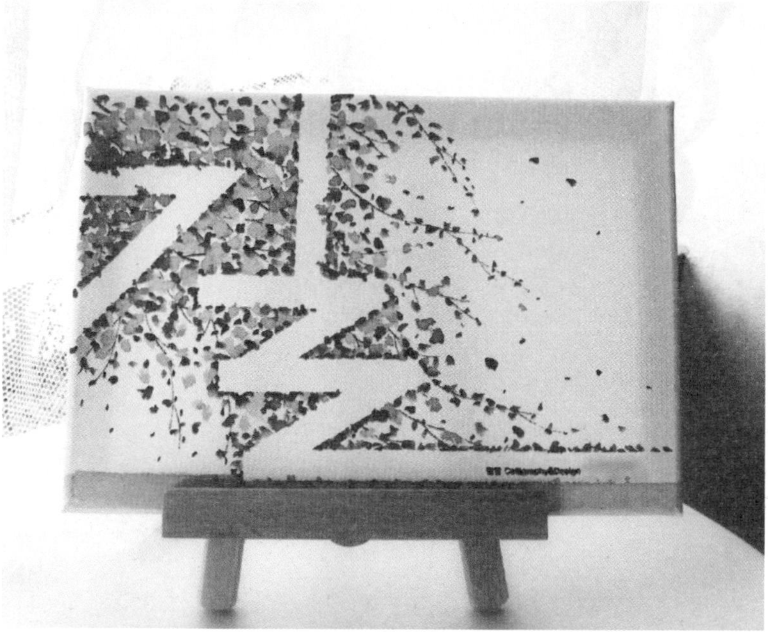

① 캔버스 위에 원하는 굵기의 마스킹 테이프로 글씨 모양을 생각해 붙인다. 테이프의 특성상 각진 글씨가 좋다. 둥근 글씨를 원한다면 마스킹액을 이용한다.

② 테이프를 붙인 위에 글씨가 덮이게 전체적으로 수채 그림을 그린다.

③ 그림이 마른 후 테이프를 떼어내면 내가 원하던 글씨만 하얗게 남는다. 테이프 주변은 조금 더 진하게 칠해야 떼어냈을 때 글자가 더 돋보인다.

02 테이프로 한 줄 붙이기

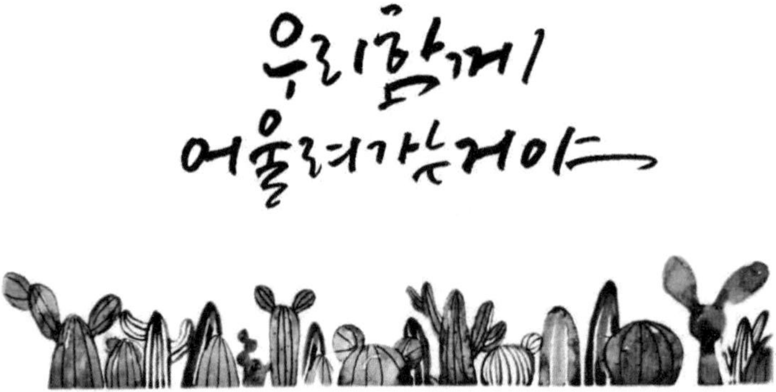

① 굵기 상관없이 직선으로 한 줄 테이프를 붙인다.

② 테이프가 닿는 면의 위나 아래에 흰 면이 보이지 않게 수채화를 그린다. 그림에서는 테이프가 닿는 면의 위에 그림을 그렸다.

③ 그림이 마른 후 테이프를 떼어내면 끝부분이 깔끔하게 처리된 수채화가 그려진다.

④ 마지막으로 적당한 위치에 펜으로 글씨를 쓴다. 여기에서는 아래쪽에 글씨를 썼다.

03 테이프로 모양 만들기

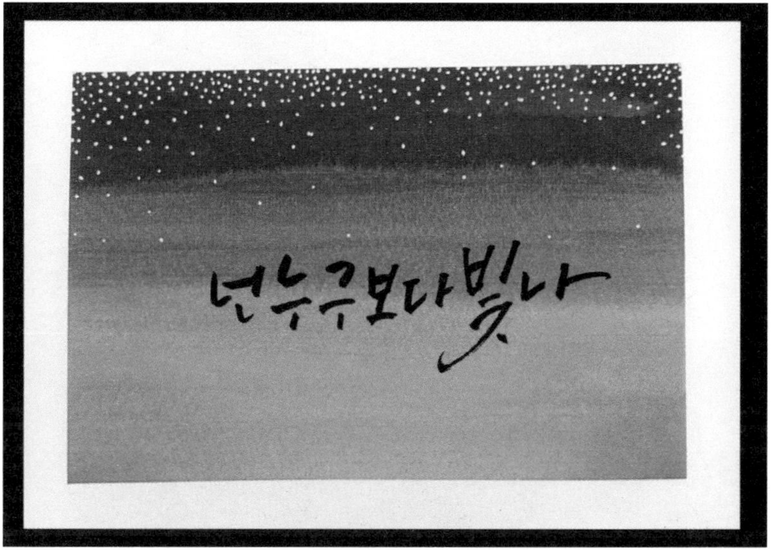

① 테이프를 가장자리 4면을 붙인다.

② 안쪽을 진한 물감부터 천천히 칠하며 내려온다. 여기서도 가장자리는 진하게 칠해줘야 떼었을 때 확실한 효과를 줄 수 있다.

③ 자연스럽게 그러데이션을 만들어준 후 마르면 위쪽에 하얀색 점을 찍는다.

④ 테이프를 떼어내면 액자 느낌을 줄 수 있다.

⑤ 그림 위에 원하는 글귀를 적어준다.

05 수묵 일러스트 그리기

수묵 일러스트는 화선지와 동양화 물감, 먹이 필요하다. 화선지의 번짐을 생각하며 물을 조절하면서 농묵(진한 농도)과 담묵(맑고 옅은 농도)을 따로 쓰는 경우와 한 붓에 농묵, 중묵(중간 농도), 담묵을 섞어 삼묵으로 그리는 방법이 있다. 먹으로 선을 그리는 구륵법과 선이 없이 형태만 그리는 몰골법도 있다. 여기에 색이 더해지면 수묵채색이 된다.

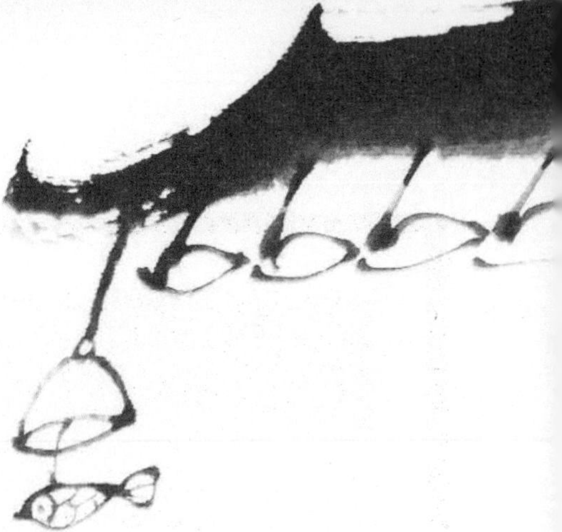

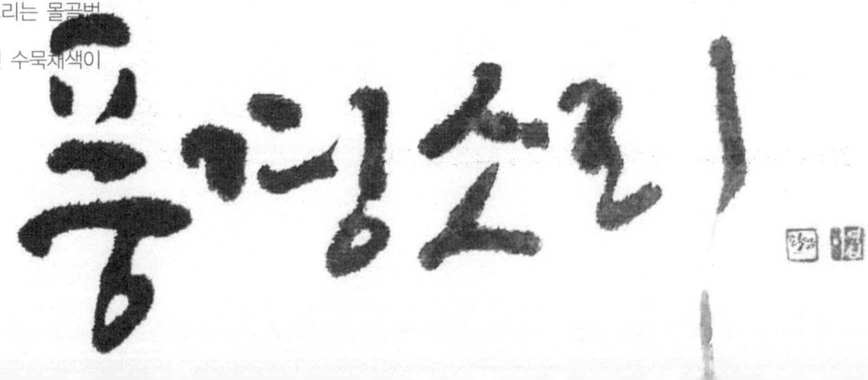

01 삼묵법으로 그리기

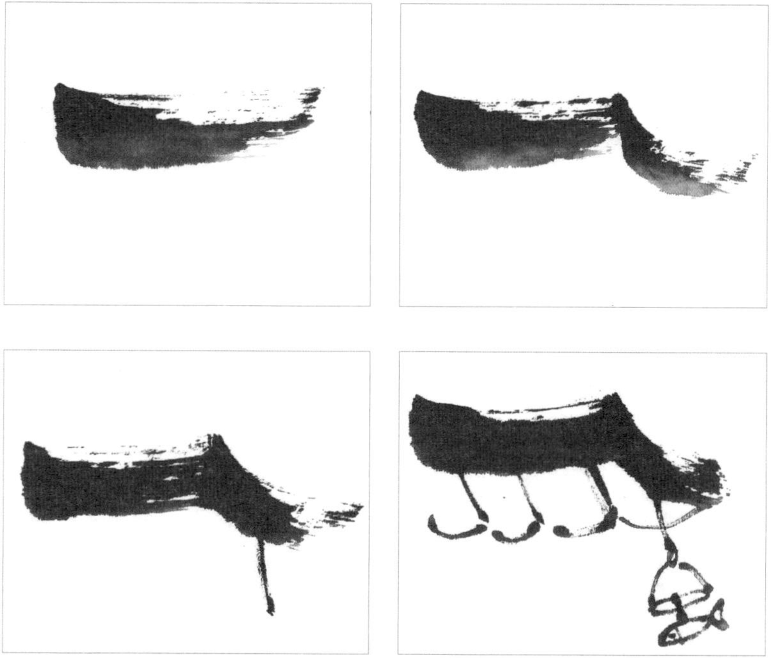

먹에 물을 섞은 담묵을 붓 전체에 앞뒤로 치대듯이 바르고 붓의 반 정도까지 중묵, 붓끝에는 진한 먹을 묻힌다. 세 가지 먹이 한 붓에 다 있는 상태에서 붓을 비스듬히 눕히고 그리면 그러데이션처럼 세 가지 농도로 표현된다.

먹의 농담으로만 표현하면 수묵담채화가 된다. 농담을 따로 표현할 때는 멀리 있는 건 담묵으로 흐리게 표현하고, 가까이 있는 것은 농묵으로 진하게 표현한다.

02 구륵법으로 그리기

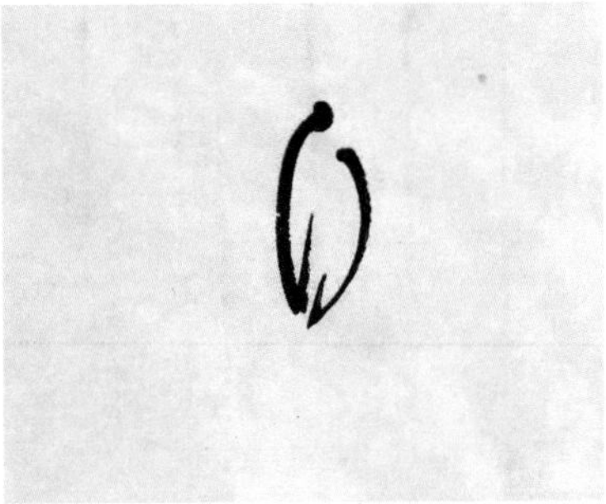

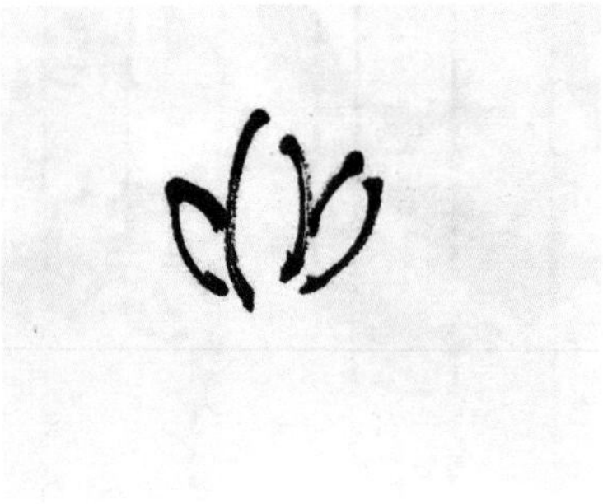

먹으로만 선을 그리고 색을 칠한다. 먹이 마르기 전에 칠하면 번짐이 있으니 주의해야 한다.

선이 있어 정교한 표현을 할 수 있다.

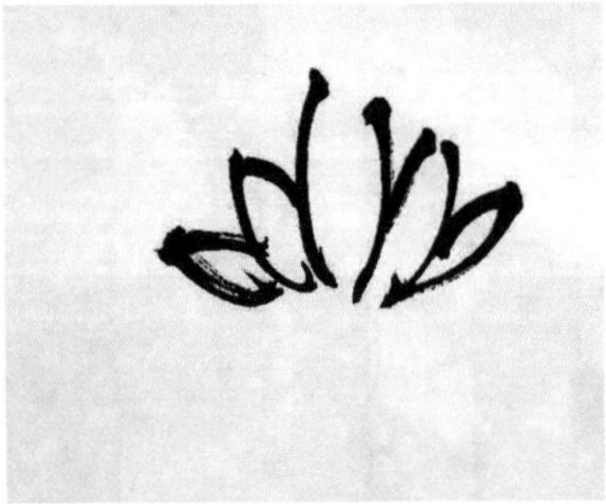

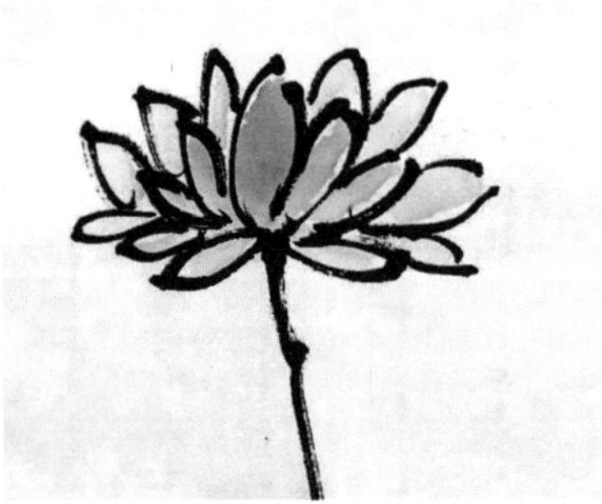

03 몰골법으로 그려보기

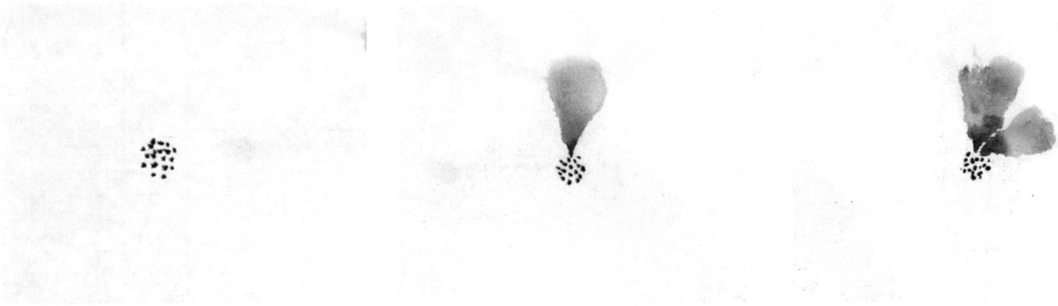

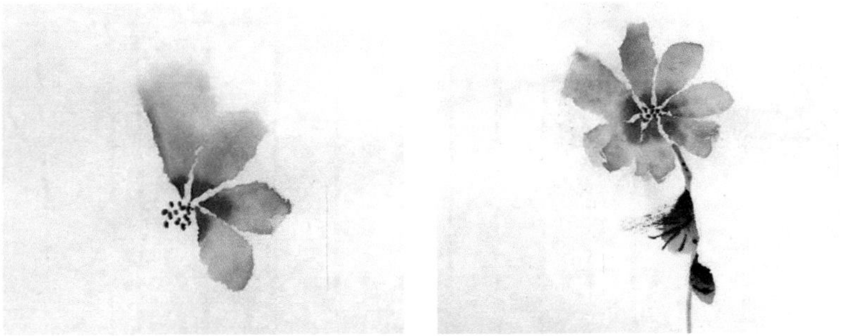

선을 그리지 않고 물의 농도를 적절히 써서 형태로 그린다. 선이 없어서 물이 너무 많으면 그림이 뭉개져 보일 수 있으니 주의해야 한다.

04 수묵 일러스트 모아보기

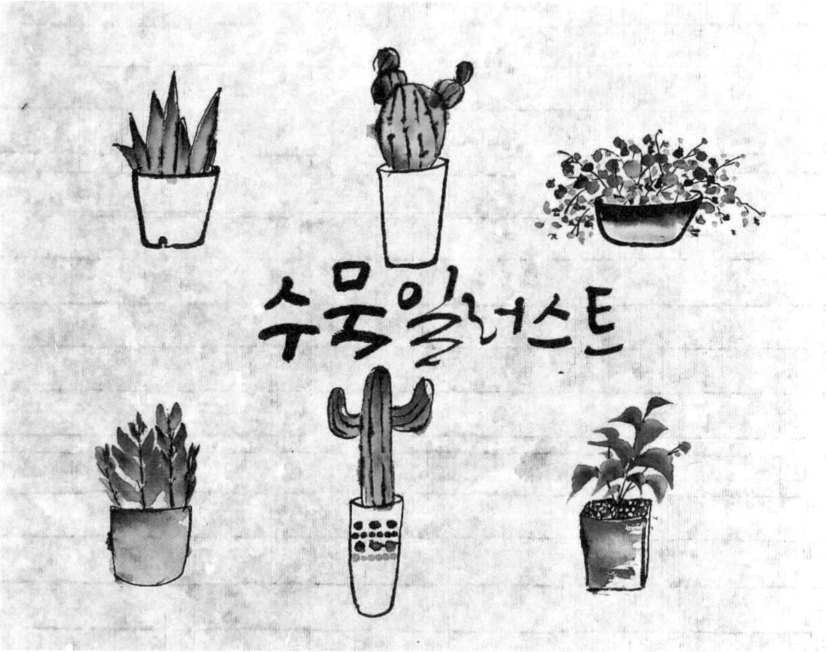

간단한 그림부터 연습한다. 앞에서 배운 삼묵법, 구륵법, 몰골법을 적절히 사용하여 그려본다. 어울리는 글귀도 만들어 적어주면 완성도가 높아진다.

수채화와는 또 다른 동양화의 매력을 느낄 수 있다.

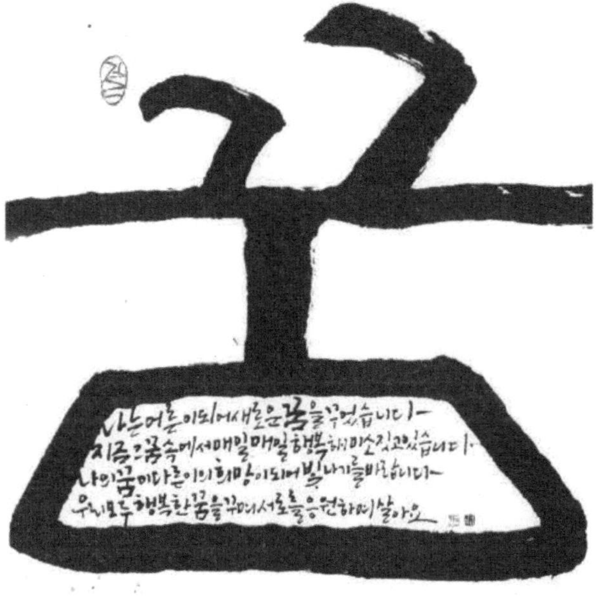
꿈
나는어른이되어새로운꿈을꾸었습니다
지금그꿈속에서매일매일행복해하며소진고있습니다
나의꿈이다른이의희망이되어빛나기를바랍니다
우리모두행복한꿈을꾸며서로를응원하며살아요

Chapter 04,

짧은 문장 쓰며 캘리 익히기

추억을 되뇌며 떠오르는 글귀를 만들어서 짧은 한 문장으로 써 본다.
낱말을 쓰는 것보다 전체적인 조화와 배열을 중요하게 생각하고 쓰는 것이 좋다.

우리 이제 꽃길만 걸어요

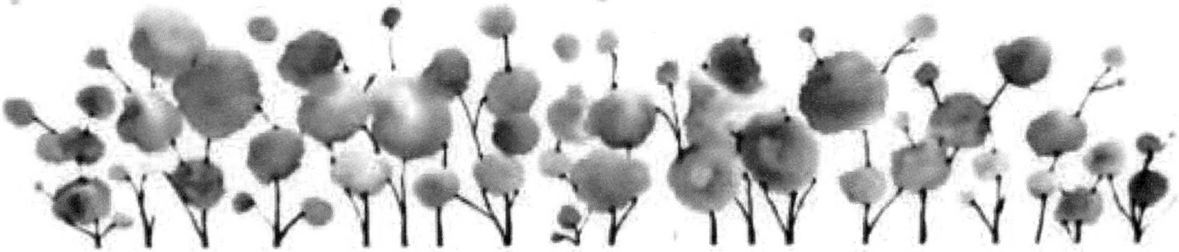

01 한 줄 글귀 쓰기

간단한 한 줄 문장부터 시작하자. 어떻게 글씨를 쓰는지 살펴본 후 체본을 보고 관찰하며 따라 쓴다. 여러 번 반복해 써보고 나중에는 체본 없이 나만의 느낌을 살려서 쓴다.

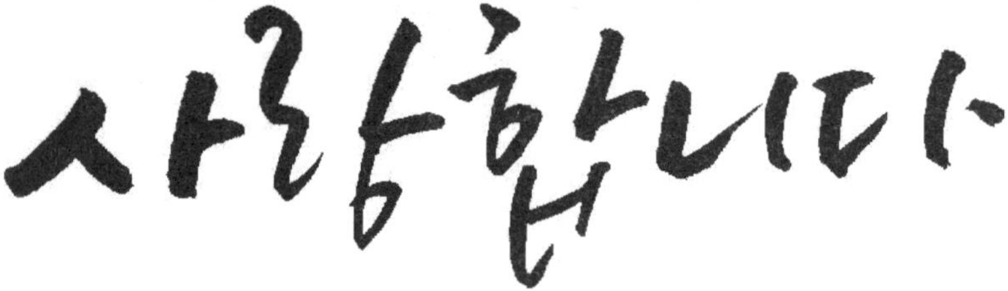

글자의 중심은 위나 아래가 아닌 글자 중간의 중심선을 맞추어서 쓴다. 윗선에 맞출 경우, 받침 있는 글자는 많이 내려가 중심이 무너져 보인다. 아랫선에 맞출 경우, 받침 있는 글자가 답답해 보인다.

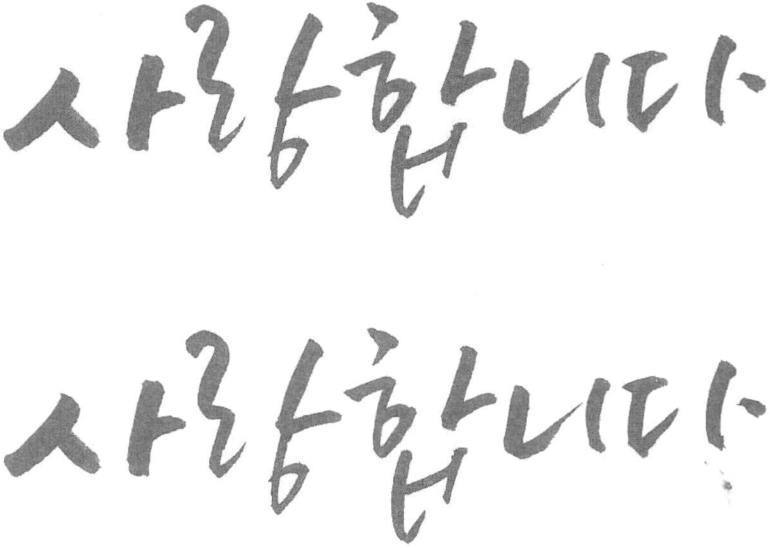
사랑합니다
사랑합니다

감사해요

짧은 문장을 쓸 때는 글자가 퍼져 보이거나 산만해 보여 주목성이 떨어질 수 있으니 띄어쓰기는 하지 않고 써 본다.

감사해요

감사해요

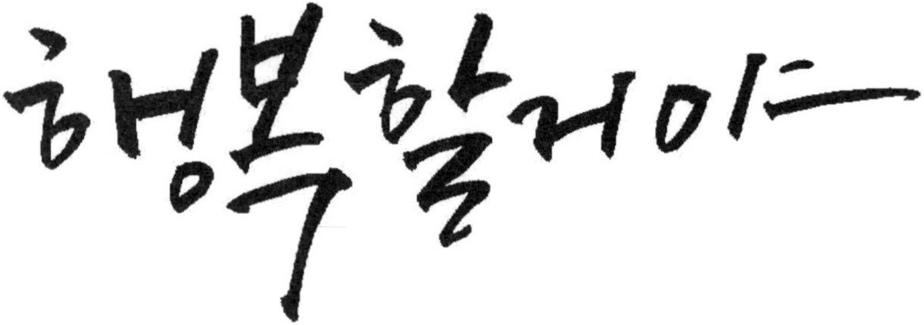

모음을 너무 크게 쓰면 뒷글자가 멀어져 전체적으로 덩어리 감이 없어지니 자간이 너무 벌어지지 않게 주의하며 쓴다.

행복할거이다

행복할거이다

02 두 줄 글귀 따라 쓰기

한 줄 글귀가 충분히 연습 되었다면 두 줄에 도전한다. 어떻게 글씨를 써야 하는지 살펴본 후 체본을 보고 관찰하며 따라 쓴다. 여러 번 반복해 써보고 나중에는 체본 없이 나만의 느낌을 살려서 쓴다.

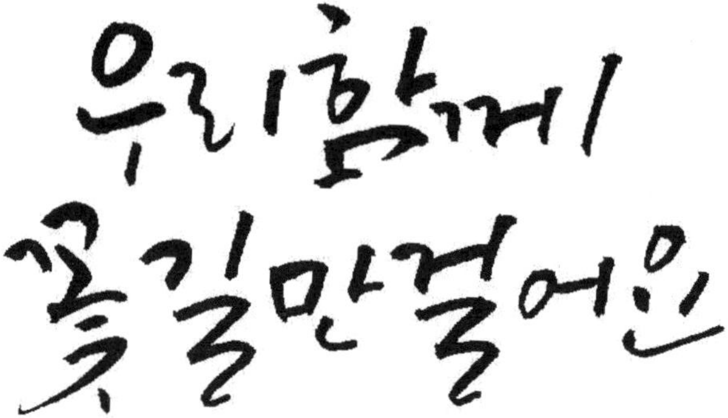

윗줄과 아랫줄 사이사이에 글자를 끼워 넣듯이 쓴다. 한 줄씩 쓰는 것이 아니라 위 문장과 균형을 이루어야 한다.

우리 함께
꽃길만 걸어요

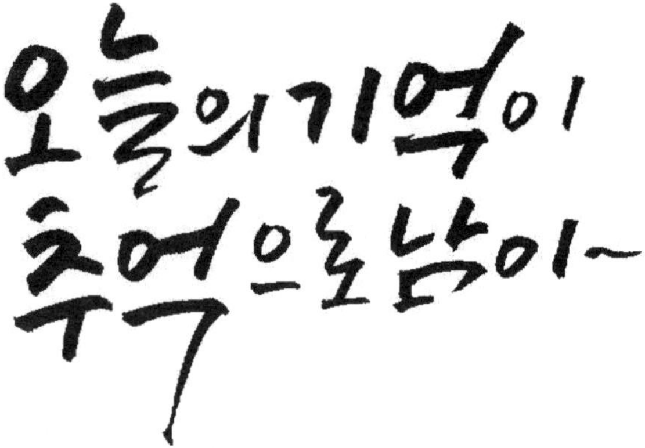

강조하고 싶은 단어는 힘주어 굵게 쓴다.

글자 하나하나보다는 전체적으로 조화롭게 덩어리 감이 있게 써야 한다.

오늘의 기억이
추억으로 남아~

03 긴 글귀 따라 쓰기

긴 글귀를 여러 줄로 이어서 쓰는데 차근차근 글의 흐름을 파악한 후 쓴다. 어떻게 글씨를 써야 하는지 살펴본 후 체본을 따라 쓴다. 체본을 여러 번 반복해 써보고 나중에는 체본 없이 느낌을 살려서 써 본다.

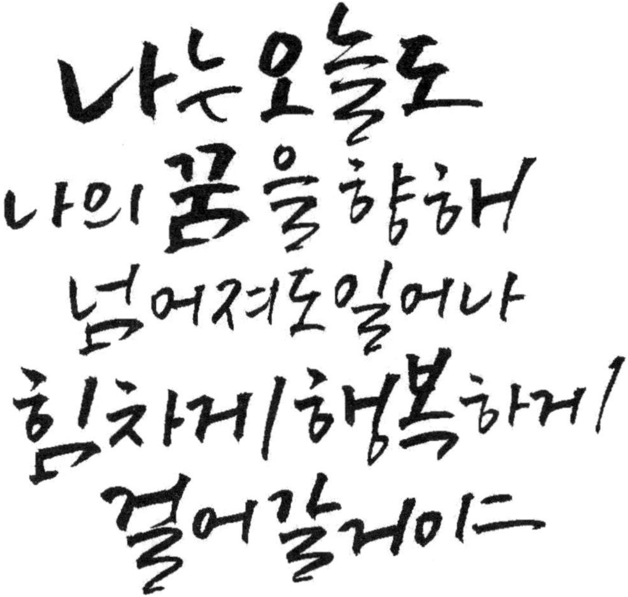

긴 문장에서는 강조하고 싶은 단어를 굵게 쓰거나 크기를 크게 하여 표현한다. 다만, 너무 강조하다 아래 문장과 부딪치는 것에는 주의해야 한다.

글자끼리 부딪치면 가독성에도 문제가 생기니, 몇 줄로 할 것인지 가운데에 무엇을 쓸 것인지 등 전체적인 구성을 생각하고 결정해서 쓴다.

처음 시작할 때 글꼴을 끝까지 유지하며 통일성을 이루며 쓴다.

나는 오늘도
나의 꿈을 향해
넘어져도 일어나
힘차게 행복하게
걸어갈 것이다

Chapter 05,

계절에 따른 감성 글씨 쓰기

봄, 여름, 가을, 겨울 등 지금 맞이하는 계절에 생각나는 추억을 한 줄 글귀로 남겨 본다. 계절의 느낌이 연상되도록 글씨를 쓰는 것이 포인트다. 더불어 어울리는 그림을 넣으면 금상첨화다.

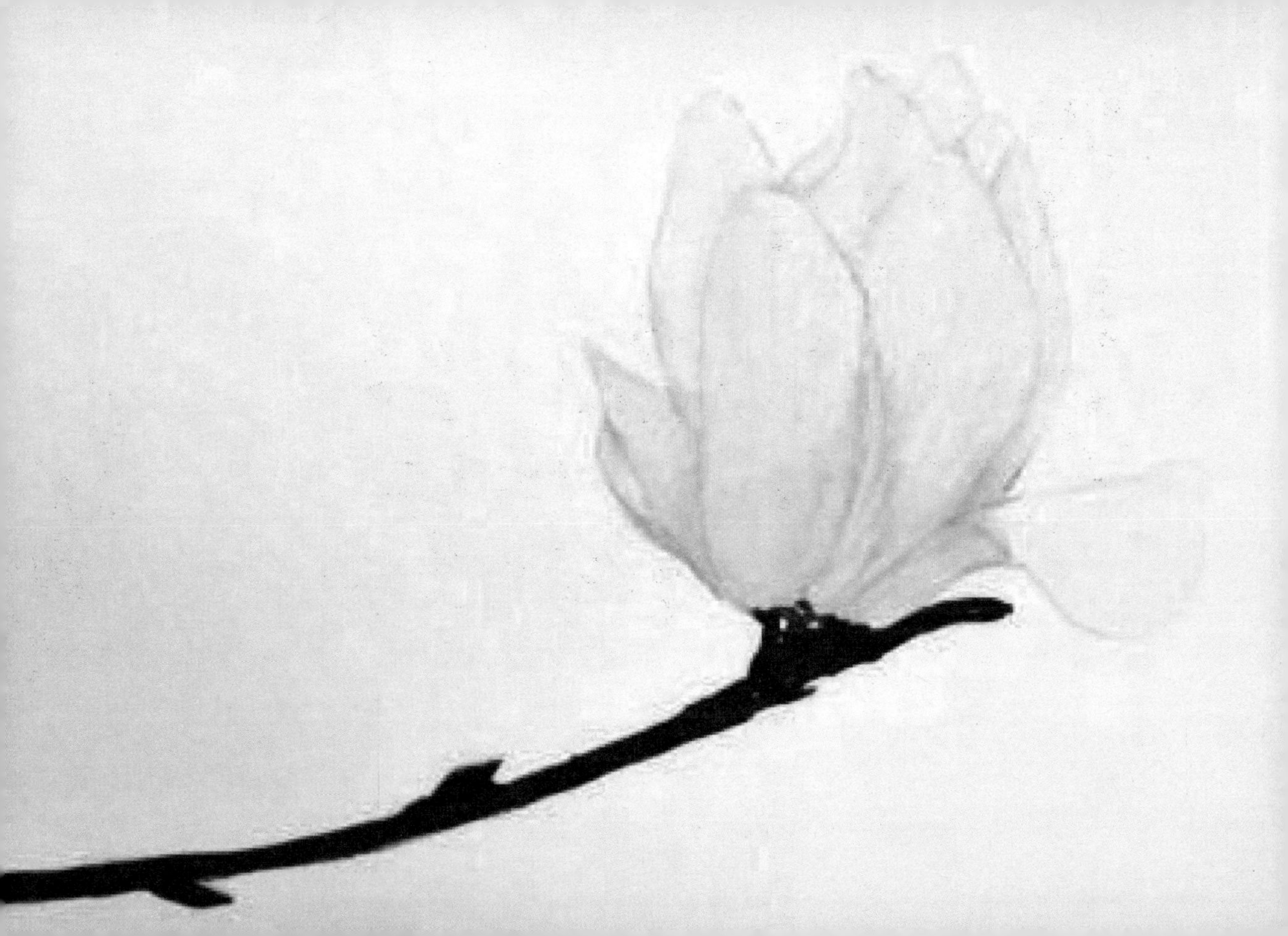

01 봄의 글귀

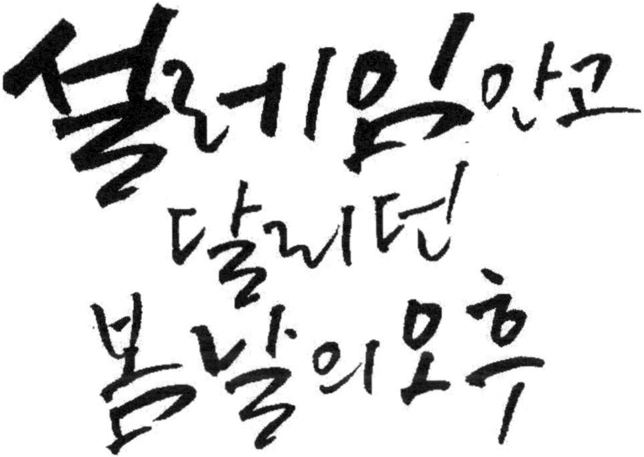

새로운 시작을 알리는 노란 개나리, 초록이 싱그러운 설렘 가득한 봄날 오후, 빨간 동백이 수줍게 피어나는 첫사랑 등 봄 하면 떠오르는 추억이나 경험을 짧은 글귀로 정리한다.

설렘, 아련함, 희망의 글귀를 발랄하고 경쾌한 느낌으로 쓴다.

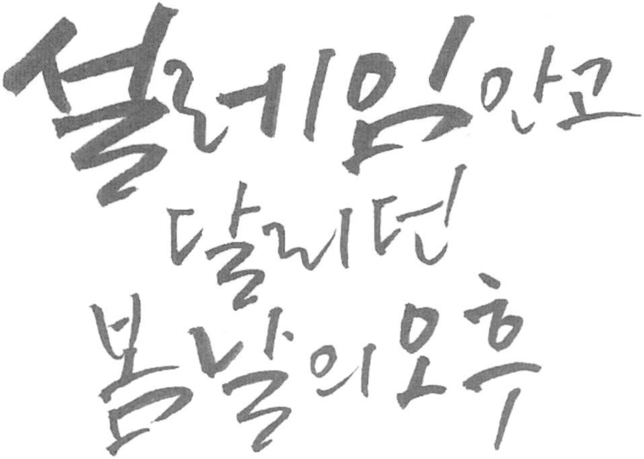

여러 번 반복해 써보고 나중에는 체본 없이 나만의 느낌을 살려서 다시 쓴다.

추억 속 봄을 떠올리며 나만의 글귀를 짓고 그 내용을 써 본다.

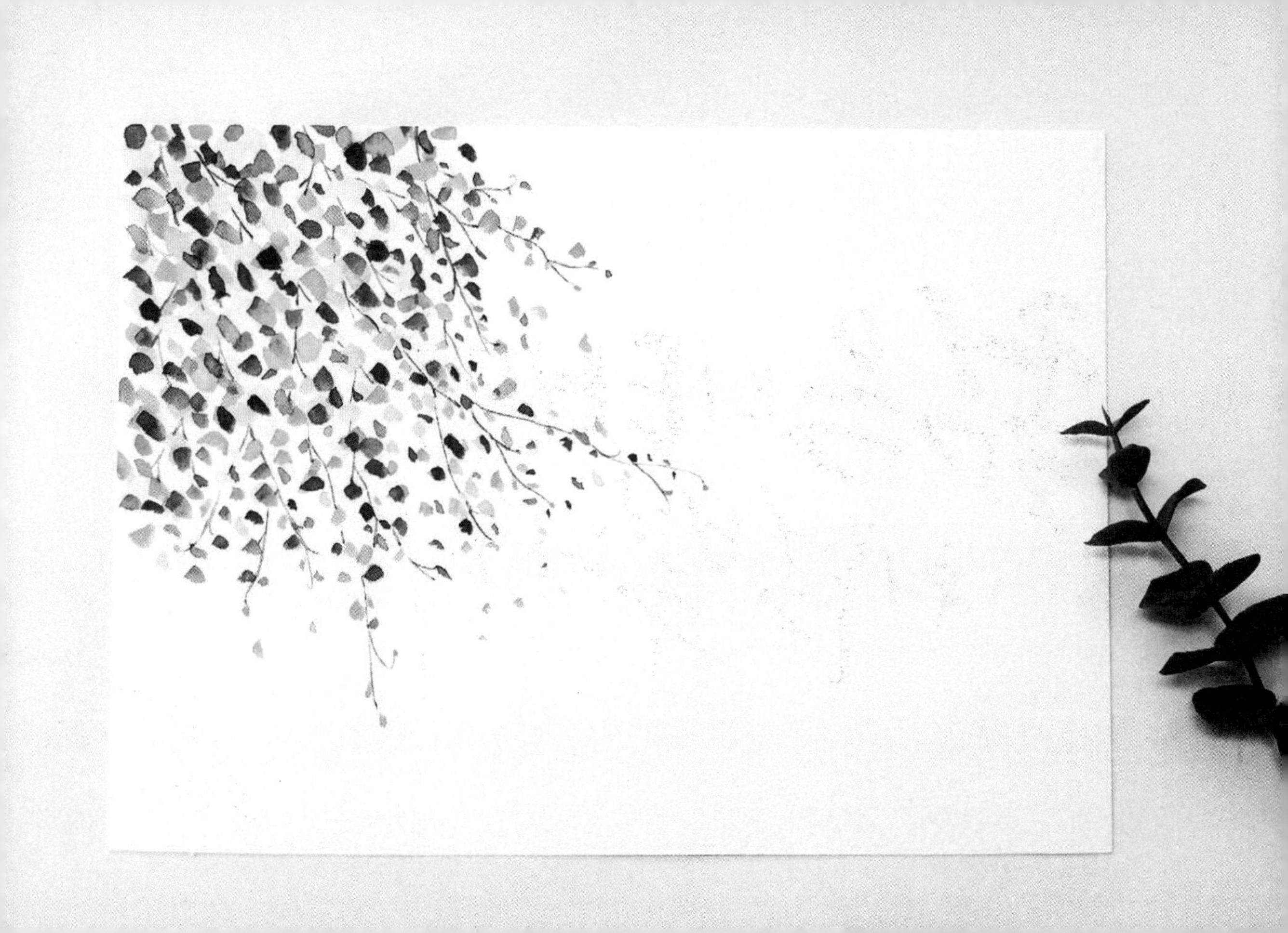

02 여름의 글귀

젊음의 태양처럼 빛나라

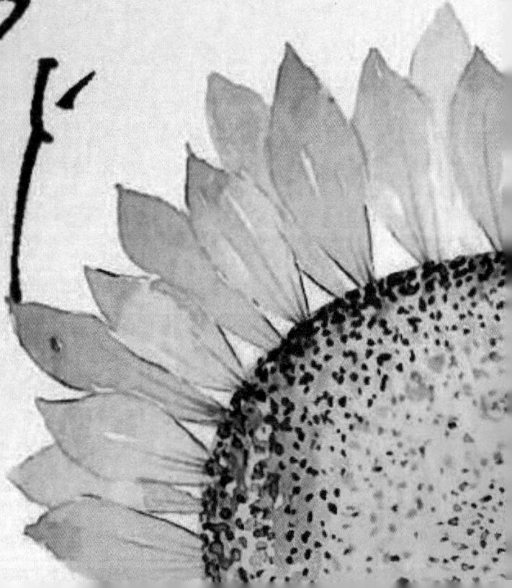

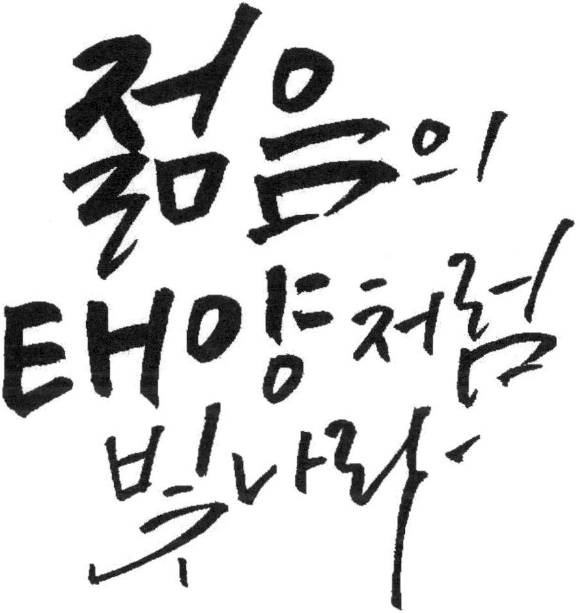

붉은 태양, 열정 넘치는 청춘, 푸른 파도, 젊음, 태양, 열정, 바다 등 여름 하면 떠오르는 생각이나 색감, 영상을 짧은 글귀로 정리한다. 여름에 떠났던 여행지에서의 느낌을 써도 좋다.

힘차고 강렬한 느낌으로 쓴다.

젊음의
태양처럼
빛나라

여러 번 반복해서 쓰고 나중에는 체본 없이 나만의 느낌을 살려서 다시 써 본다.

나중에는 추억 속 여름을 떠올리며 나만의 글귀를 만들어 써 본다.

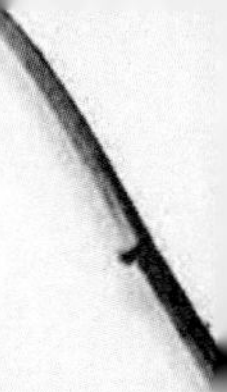

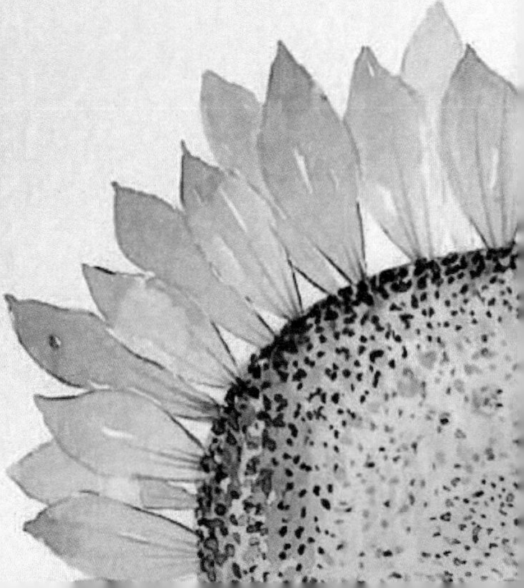

03 가을의 글귀

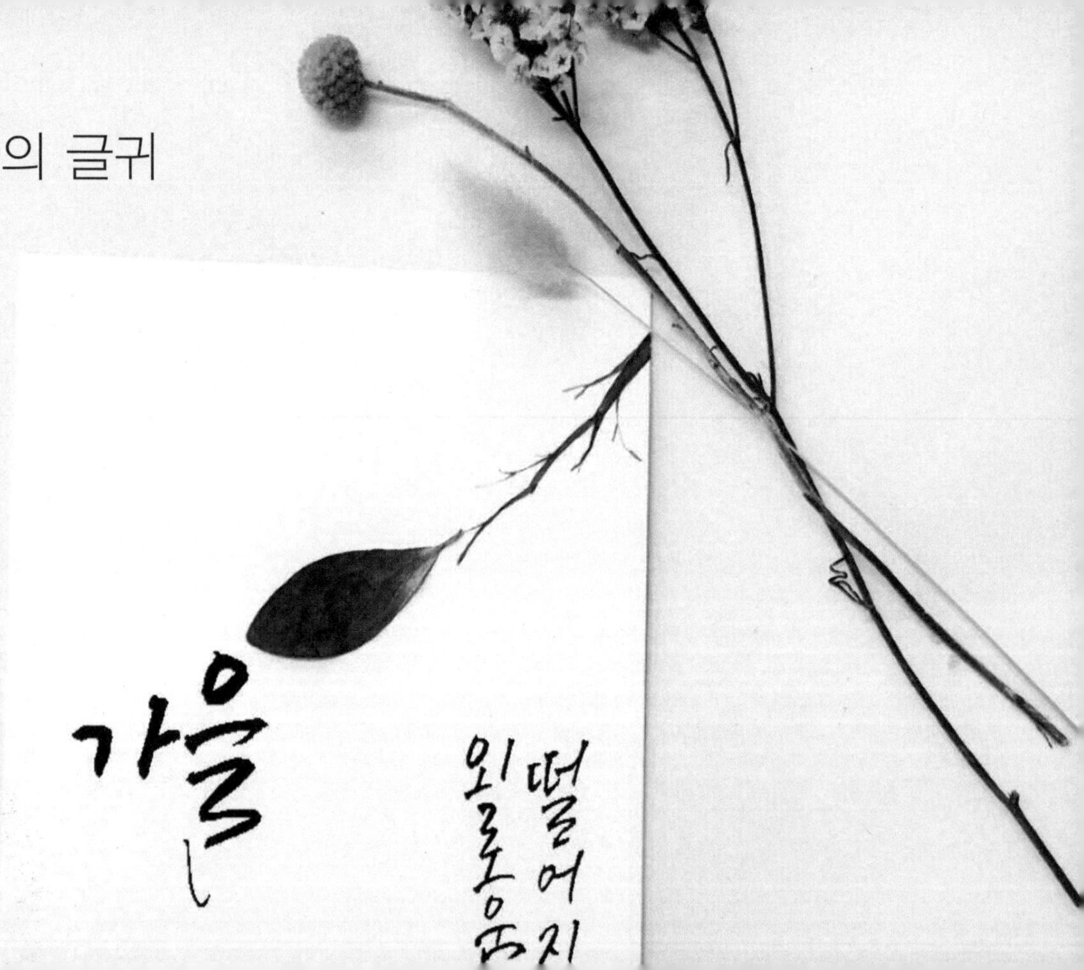

가을

외로움이
떨어지는 밤

알록달록한 단풍, 토실토실 익어가는 열매, 외로움이 느껴지는 감정 등 알록달록한 계절, 가을에 맞게 가을 하면 떠오르는 색감이나 짧은 글귀를 써 본다.

추억, 이별, 여행, 등 주제에 맞게 글씨체도 다양하게 쓸 수 있다. 낙엽의 느낌으로 떨어지듯 세로글씨도 써 본다.

가을

외로움이
떨어지는 밤

여러 번 반복해 써보고 나중에는 체본 없이 나만의 느낌을 살려서 다시 써 본다.

추억 속 가을을 떠올리며 나만의 글귀를 만들어 다시 써 본다.

04 겨울의 글귀

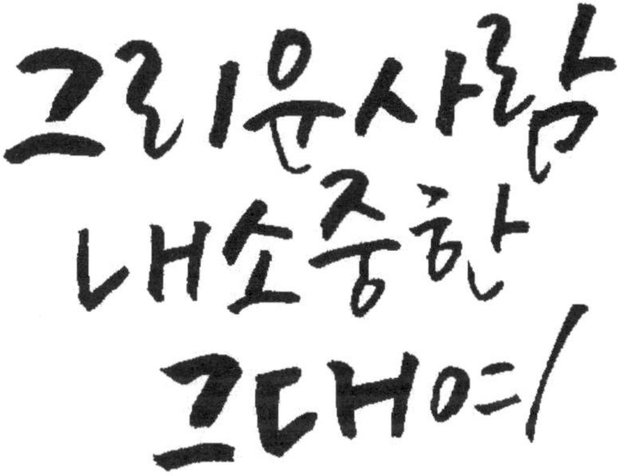

하얀 눈꽃 세상, 사랑하는 사람과 함께 하고픈 따뜻함, 빨간 루돌프가 생각나는 크리스마스, 포근함, 따뜻함, 그리움 등 겨울 하면 떠오르는 색감이나 영상을 짧은 글귀로 정리해 써 본다.

포근했던 기억은 따뜻하고 부드러운 글씨체, 추웠던 기억은 딱딱하고 날카로운 글씨체로 쓴다.

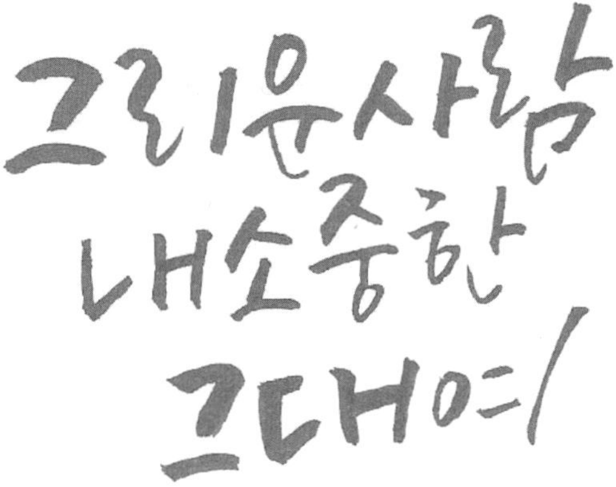

여러 번 반복해 써보고 나중에는 체본 없이 나만의 느낌을 살려서 다시 써 본다.

추억 속 겨울을 떠올리며 글귀를 쓰면 겨울 느낌의 글씨를 잘 쓸 수 있다.

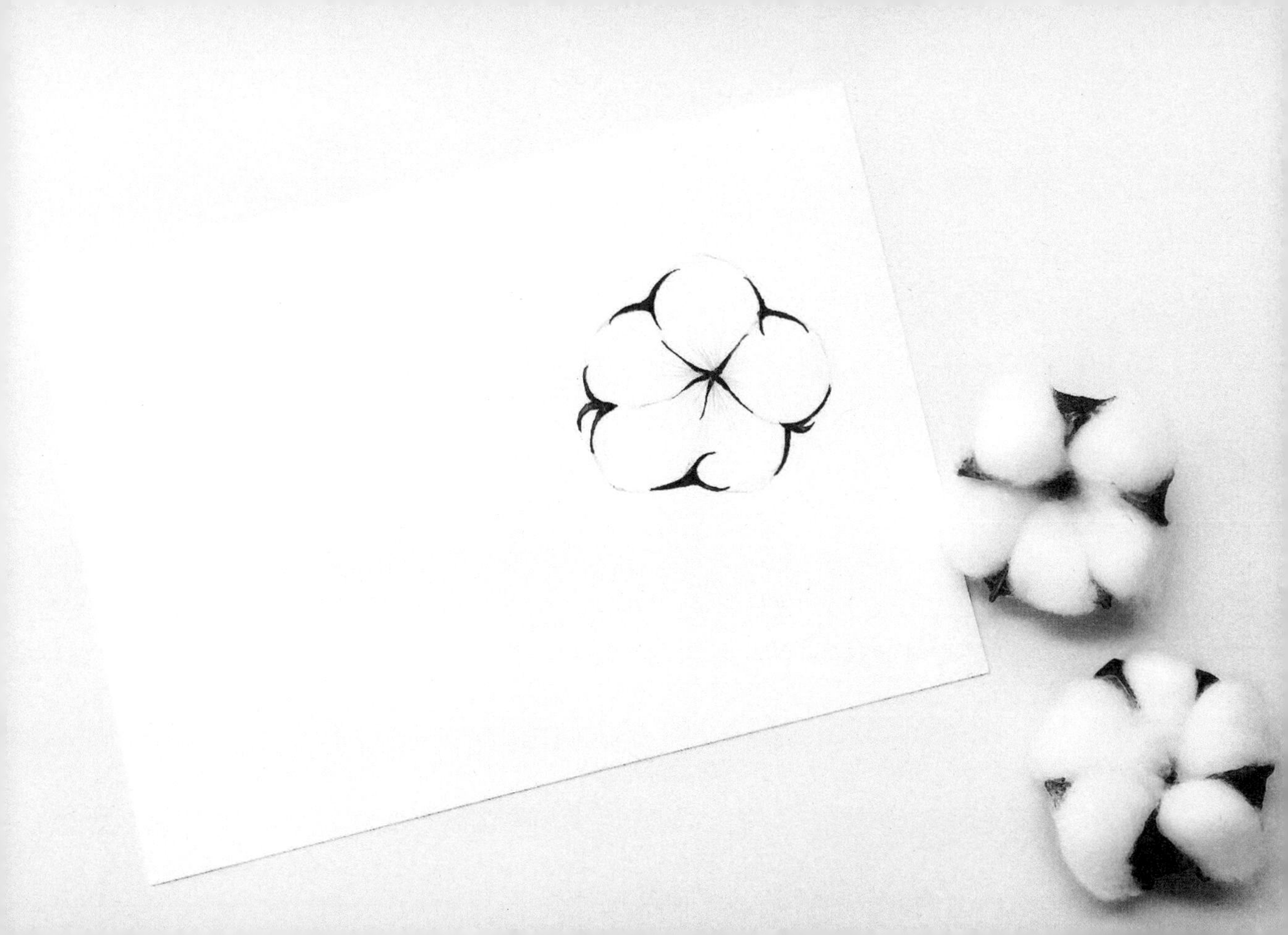

Chapter 06,

생활 속 감성 글씨 쓰기

하루하루 느끼는 감정들, 그냥 지나치는 생각들을 잠시 쉬면서 생각해보고 기록한다. 문득문득 일상 속 어떤 순간에 느껴지는 감정을 글로 담는 것이 소소한 행복은 아닐까.

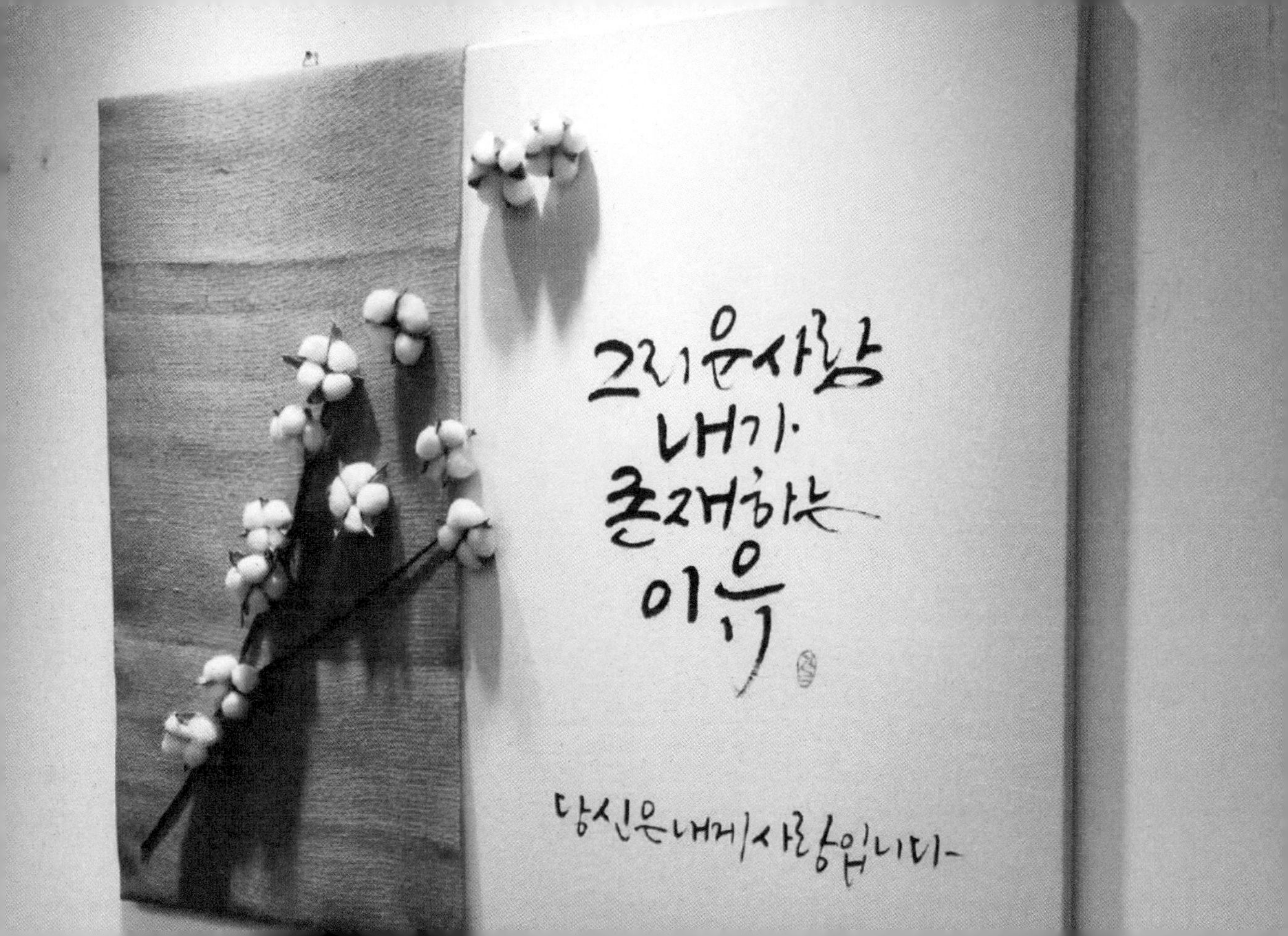
그리운사람
내가
존재하는
이유
당신은내게사랑입니다

01 여행의 추억
글쓰기

자연이 주는 선물 감사히 받은 날

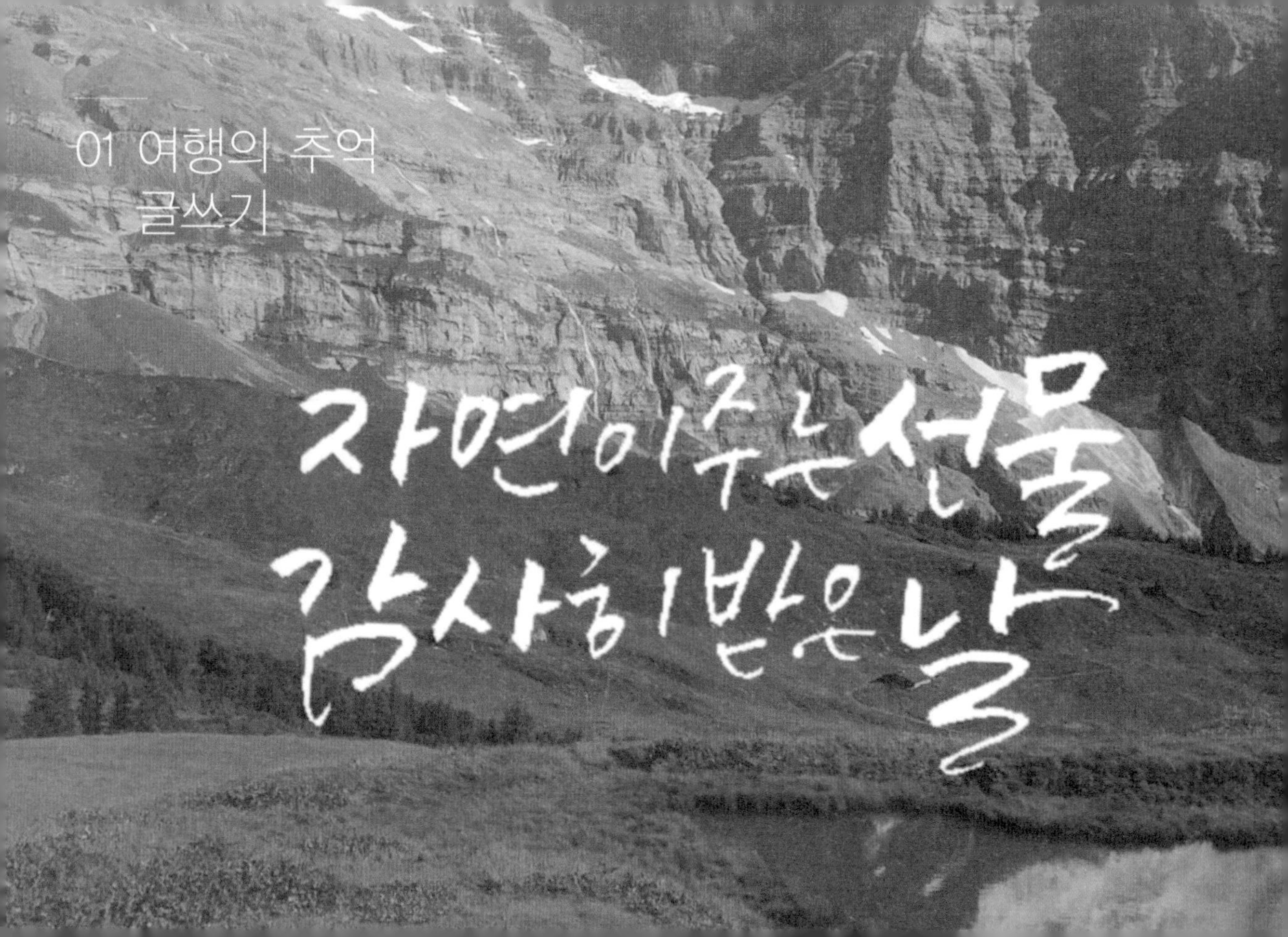

자연이 주는 선물 감사히 받은 날

소중한 사람들을 만나 인연을 만든 것, 인간이 만들어놓은 위대함에 감탄했던 것, 경이로운 자연에 감동한 것 등 지난 여행에서 느낀 감정이나 장면을 떠올리며 글귀로 정리하여 써 본다.

자연이 주는
선물
감사히
받은 날

여러 번 반복해 써보고 나중에는 체본 없이 나만의 느낌을 살려서 다시 써 본다.

지난 여행을 떠올리며 나만의 글귀를 만들어 다시 써 본다.

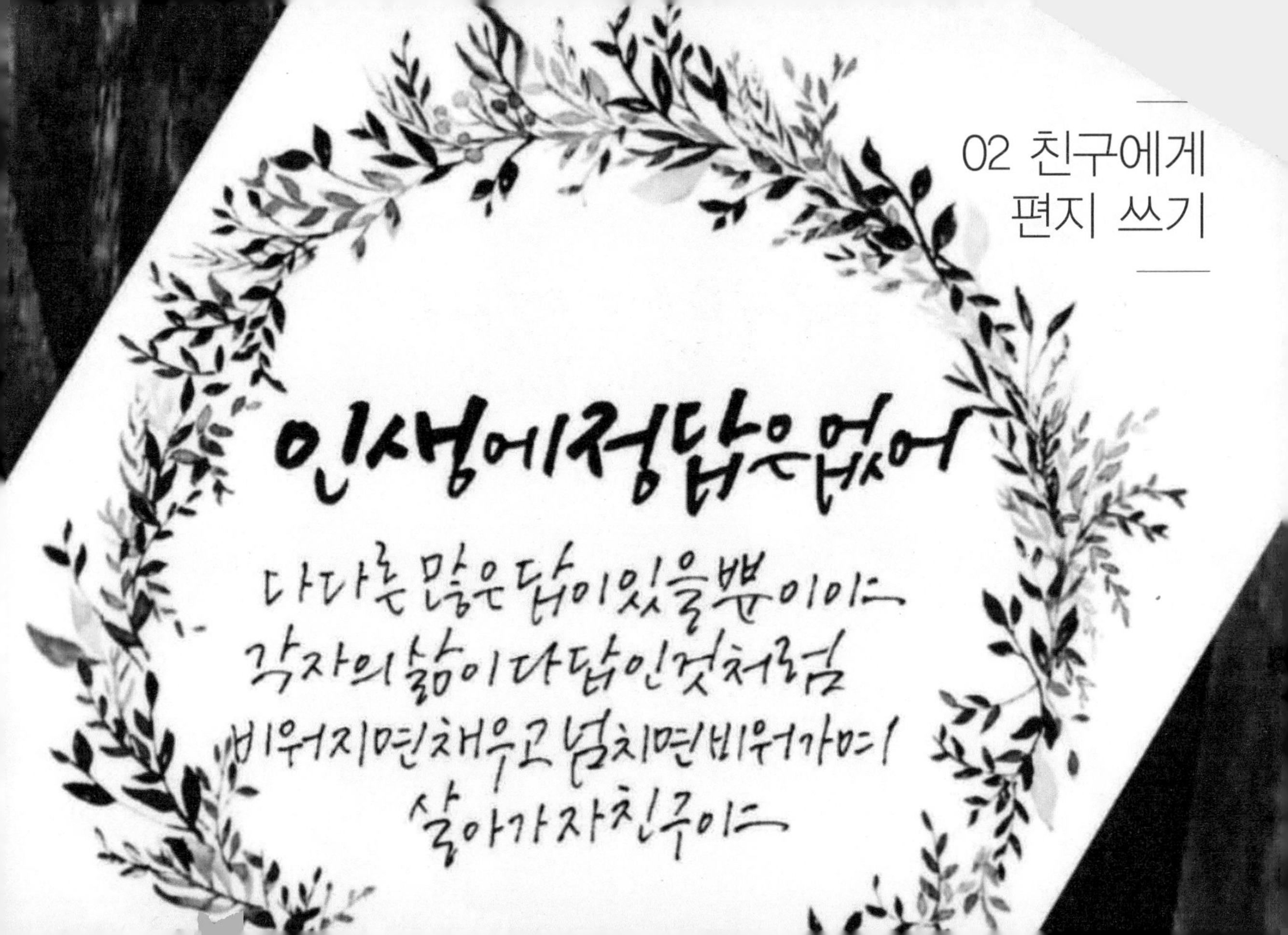
인생에 정답은 없어
다 다른 많은 답이 있을 뿐이야
각자의 삶이 다 답인 것처럼
비워지면 채우고 넘치면 비워가며
살아가자 친구야

인생에 정답은 없어

다 다른 많은 답이 있을 뿐이야
각자의 삶이 다 답인 것처럼
비워지면 채우고 넘치면 비워가며
살아가자 친구야

가장 생각나는 친구, 내가 가장 많이 아끼는 친구 한 명을 생각하며 해 주고 싶은 말을 글귀로 만들어 쓴다.

가장 힘주어 말하고 싶은 한 마디는 크고 힘차게 쓴 후, 덧붙이고 싶은 말은 밑에 주석처럼 단다.

인생에 정답은 없어

다 다른 많은 답이 있을 뿐이야

각자의 삶이 다 답인 것처럼

비워지면 채우고 넘치면 비워가며

살아가자 친구야

체본은 보며 여러 번 반복해 써보고 나중에는 체본 없이 나만의 느낌을 살려서 다시 써 본다.

친구들을 떠올리며 나만의 글귀를 만들어 다시 써도 좋다.

03 사랑의 글쓰기

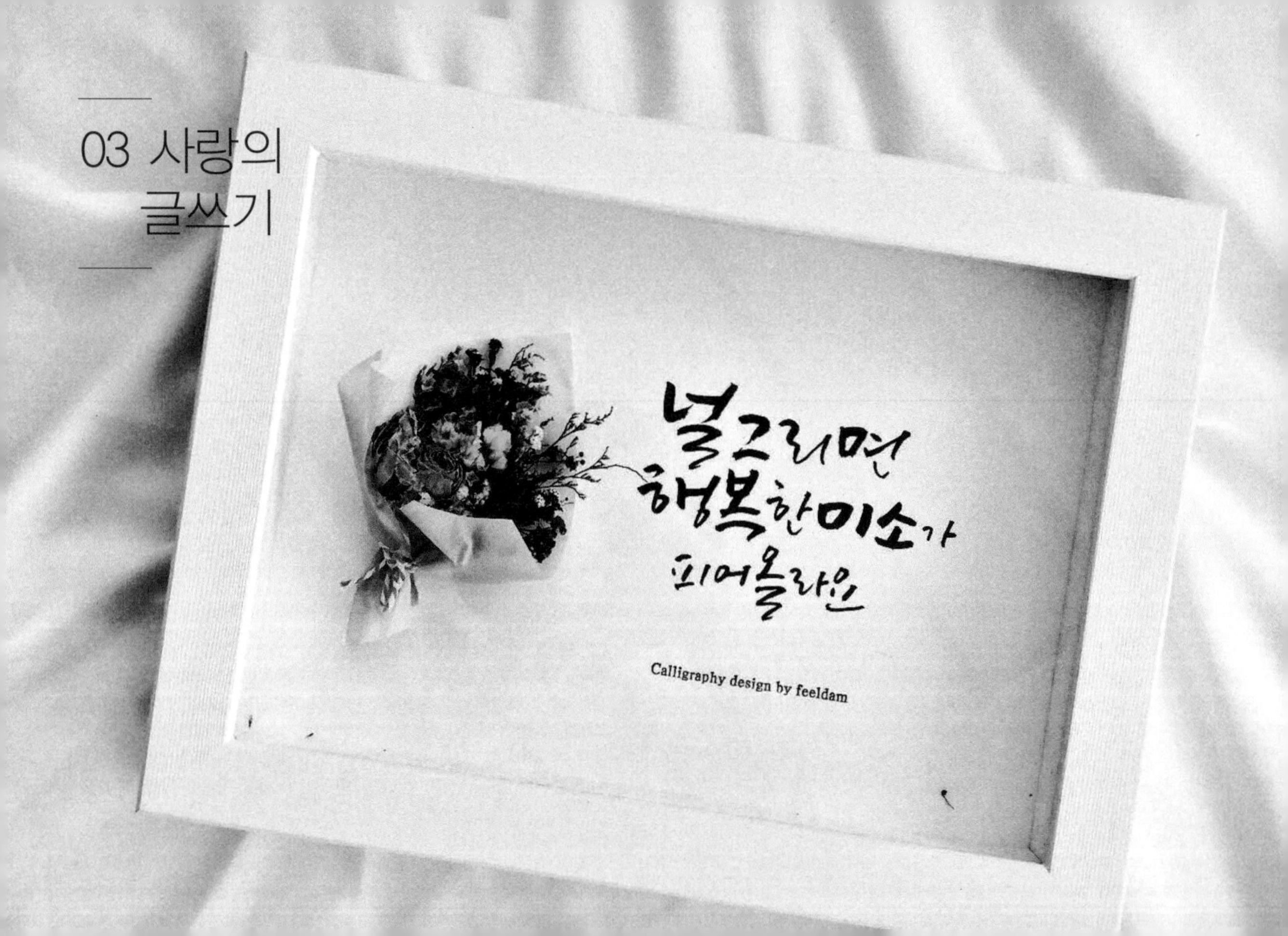

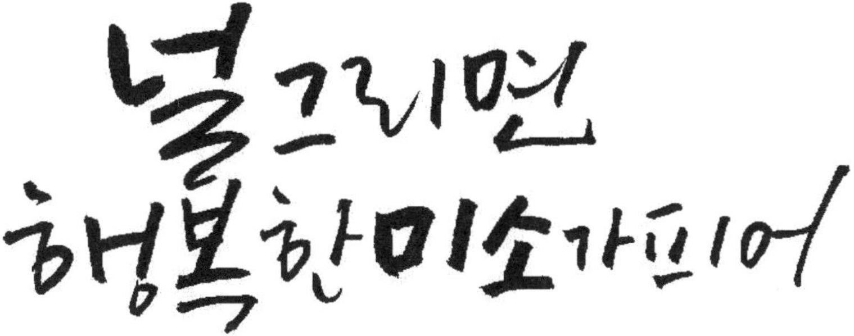

연인을 떠올리며 하고 싶은 말이나 미처 전하지 못한 마음을 정리해 써 본다.

행복한 미소가 번지듯 사랑스러운 느낌의 글씨체로 따뜻함이 느껴지게 쓴다. 역시 강조하고 싶은 단어는 힘주어 쓴다.

널 그리면
행복한 미소가 피어

여러 번 반복해 써보고 나중에는 체본 없이 나만의 느낌을 살려서 다시 써 본다.

사랑하는 사람을 떠올리며 나만의 글귀를 만들어 다시 써 본다.

04 나에게 주는 글쓰기

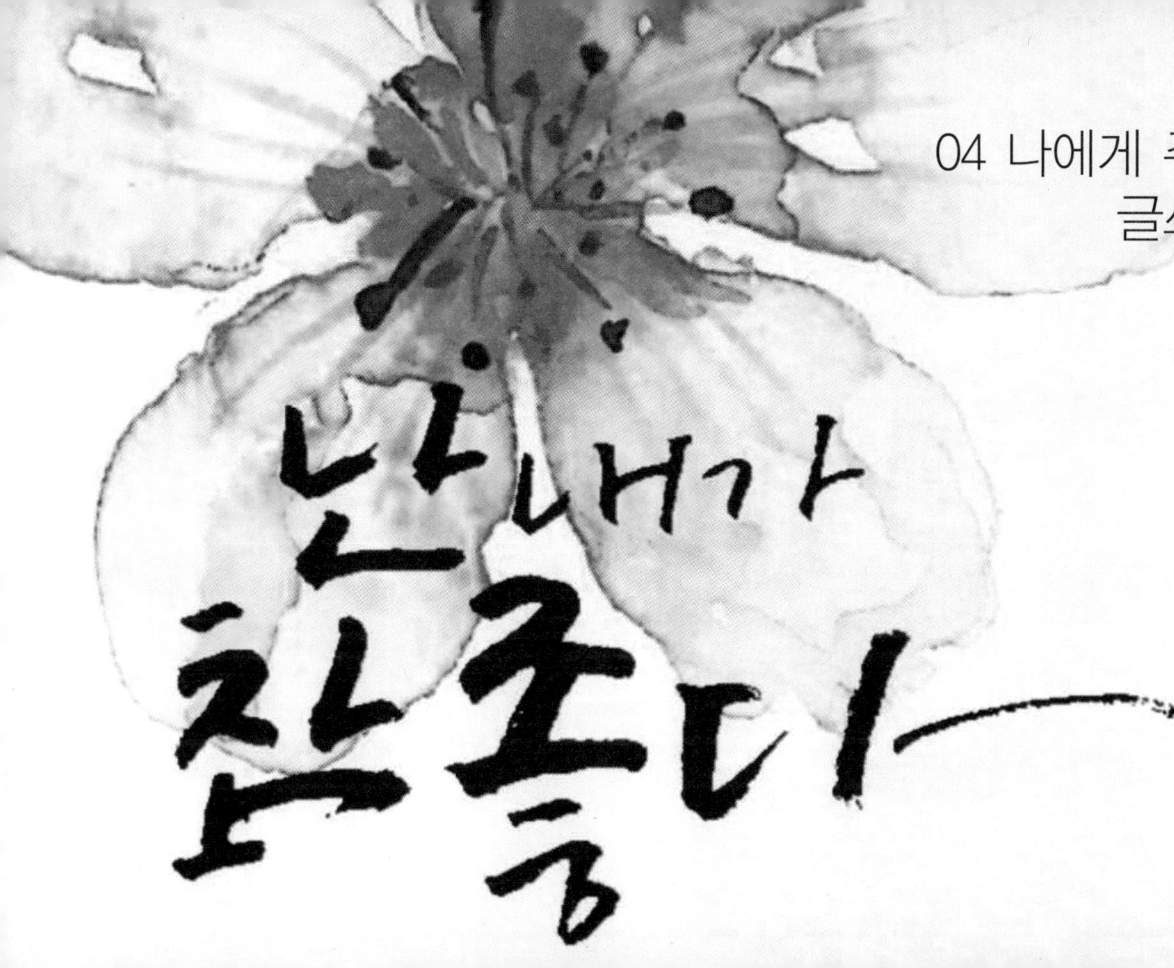

난 내가 참 좋다

자존감 훈련中

가장 소중하지만 소홀했던 나에게 꼭 해주고 싶은 글귀를 떠올린다.

잘하고 있고, 잘했다고, 잘할 거라고 토닥여줄 한 마디를 골라 나만을 위한 위로와 응원의 글을 써 본다.

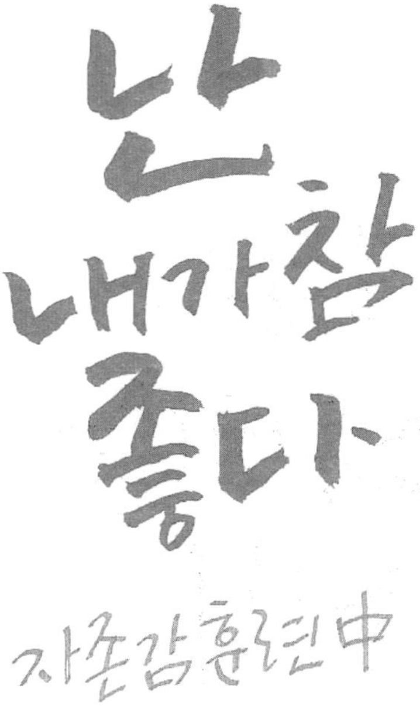

여러 번 반복해 써보고 나중에는 체본 없이 나만의 느낌을 살려서 다시 써 본다.

소중한 나에게 위로가 되는 나만의 글귀를 만들어 써 보는 것도 좋다.

05 굿모닝 글쓰기

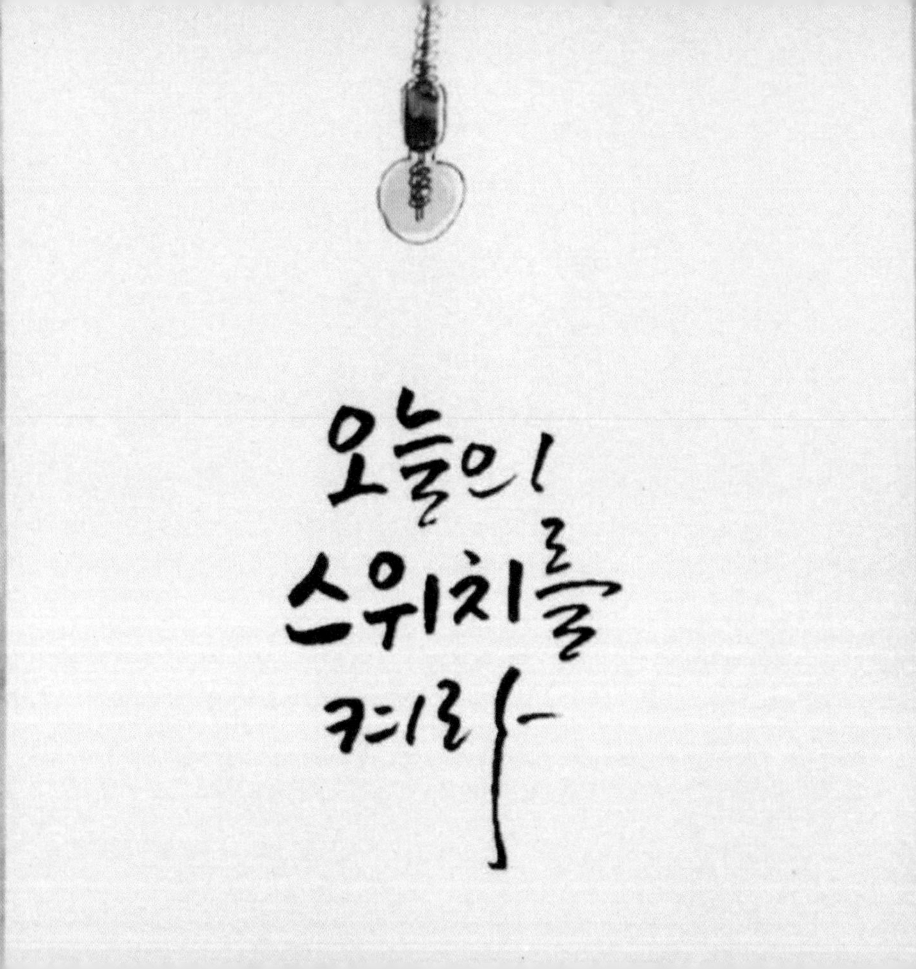

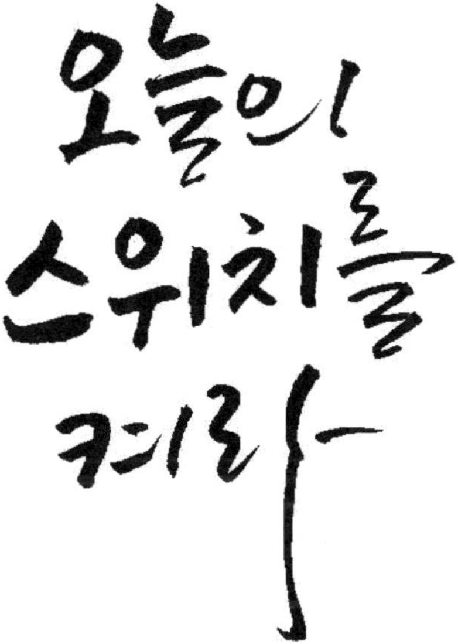

하루를 시작하는 데 힘이 나는 글귀나 응원의 글귀를 고른다.

부드러운 속삭임의 글씨체나 힘찬 느낌의 글씨체로 쓰고, 마지막 부분은 경쾌한 느낌을 살려 힘차게 빼서 쓴다.

앞이나 중간에서 강조하거나 과하게 쓰면 뒷글자와 부딪힐 수 있다.

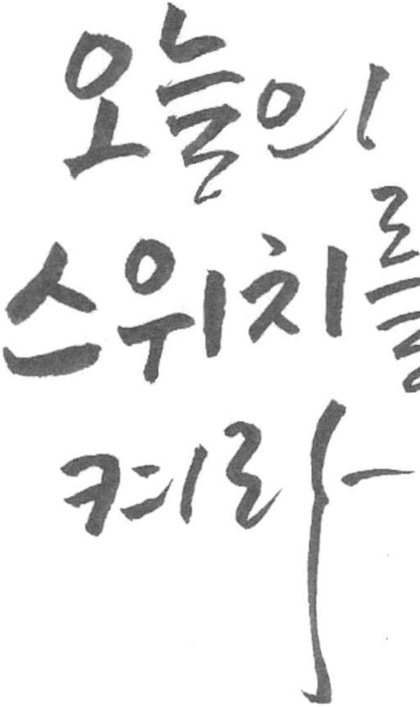

여러 번 반복해 써보고 나중에는 체본 없이 나만의 느낌을 살려서 다시 써 본다.

내가 좋아하는 아침 인사 글귀를 만들어서 써 본다.

06 굿나잇 글쓰기

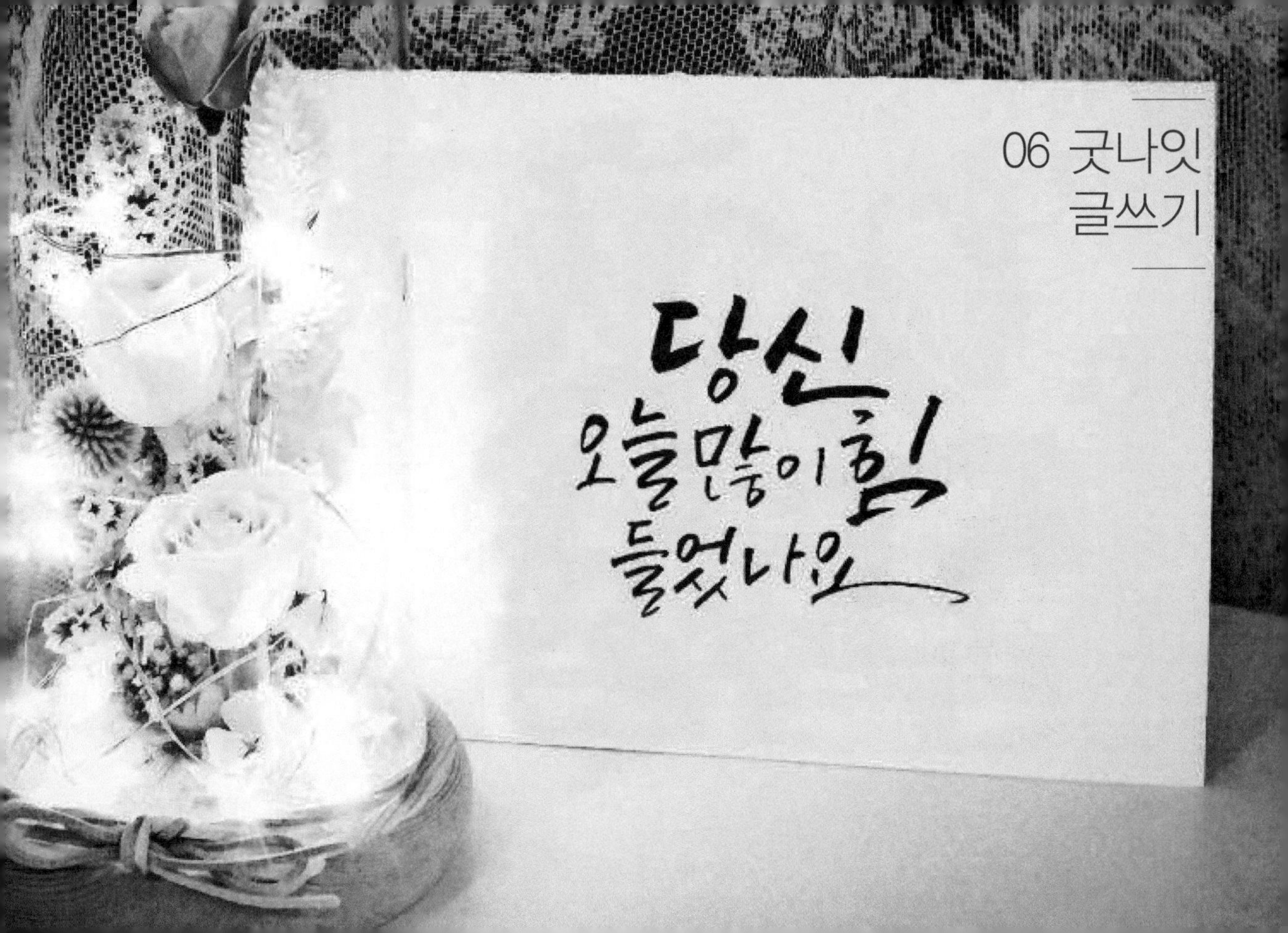

당신
오늘 많이
힘들었나요

하루를 마무리하며 듣고 싶은 한 마디를 고른다.

편안하고 잔잔한, 따뜻한 글귀를 골라 부드럽고 편안한 느낌의 글씨체로 쓴다.

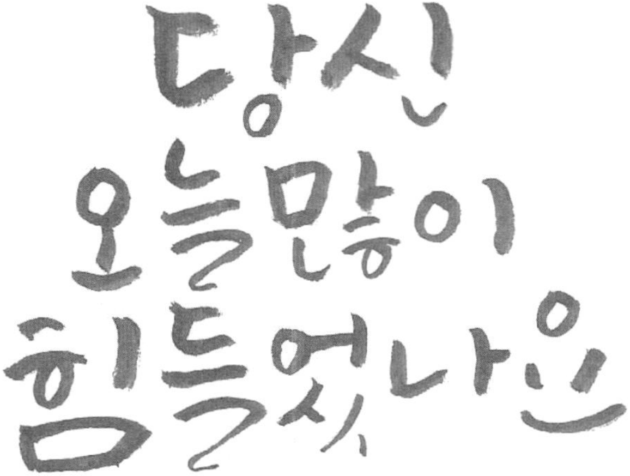

여러 번 반복해 써보고 나중에는 체본 없이 나만의 느낌을 살려서 다시 써 본다.

잔잔하게 하루를 마무리하는 나만의 글귀를 만들어 다시 써 본다.

앞에서 펜으로 써본 글귀들을 붓으로 옮겨보았다. 붓으로 쓸 때는 역입, 중봉, 회봉의 원칙을 지켜야 하며, 붓 모의 길이가 달라서 글씨의 크기도 커지고 깊이와 울림도 커지게 된다. 붓글씨에서는 자연스러운 번짐과 글꼴의 움직임까지 느낄 수 있다.

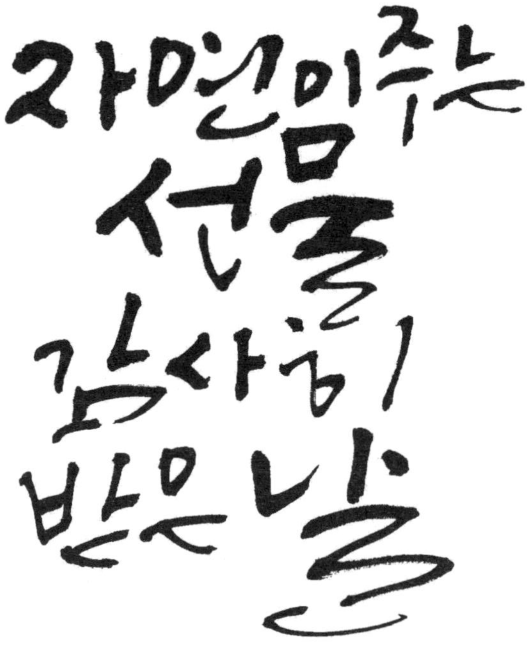

인생에 정답은 없어

다 다른 답이 있을 뿐이야
그 누구의 삶이 다 답인 것처럼
비워지면 채우고 넘치면 비워가며
살아가라 친구야

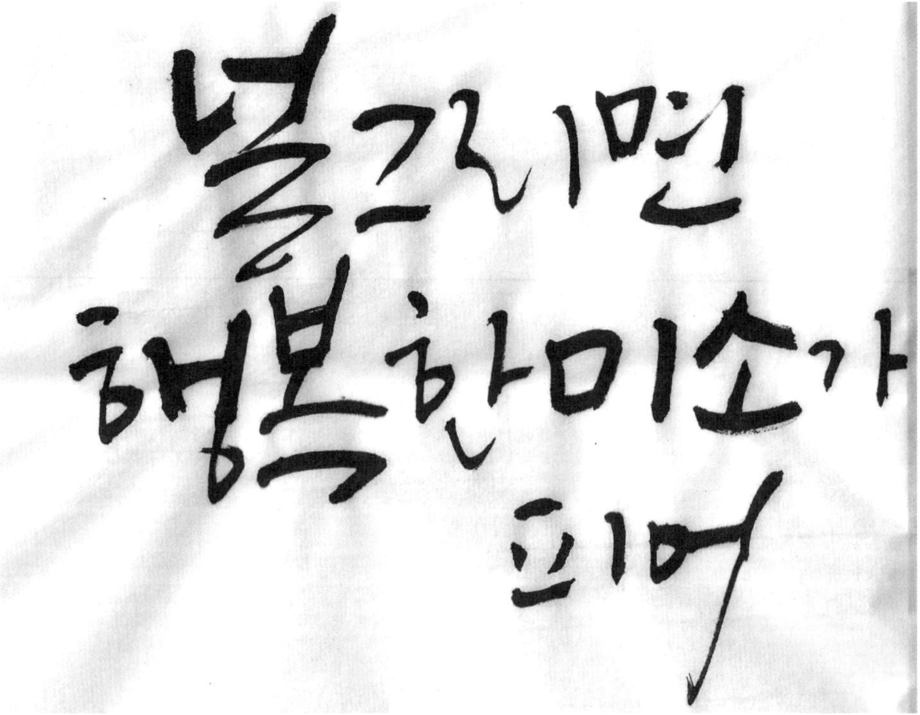
널 그리면
행복한 미소가
피어

난 내가
참 좋다.

자존감 훈련중

오늘의
스위치를
켜라.

당신
오늘 많이
힘들었나요

Chapter 07,

소품에 글쓰기

주변에 있는 종이나 천으로 된 다양한 소품에 글씨를 써 본다.
작지만 느낌 있는 인테리어가 되거나 별거 아니었던 물건이 소중한 물건으로 변한다.

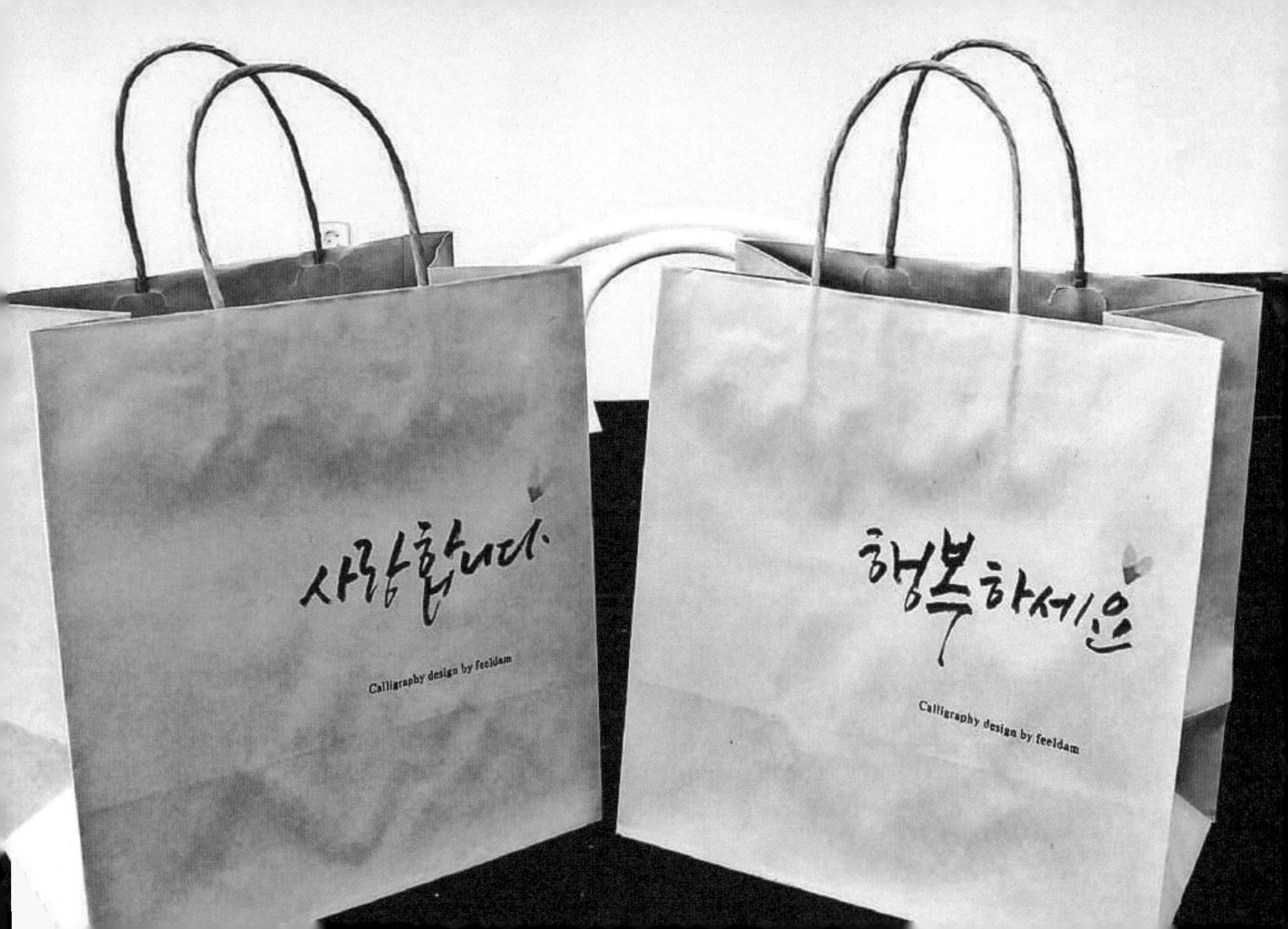
사랑합니다.
Calligraphy design by feeldam
행복하세요
Calligraphy design by feeldam

01 종이컵에 글쓰기

일회용 컵에 나를 위한 힐링 글귀나 간단한 글귀를 골라 쓸 수 있다.

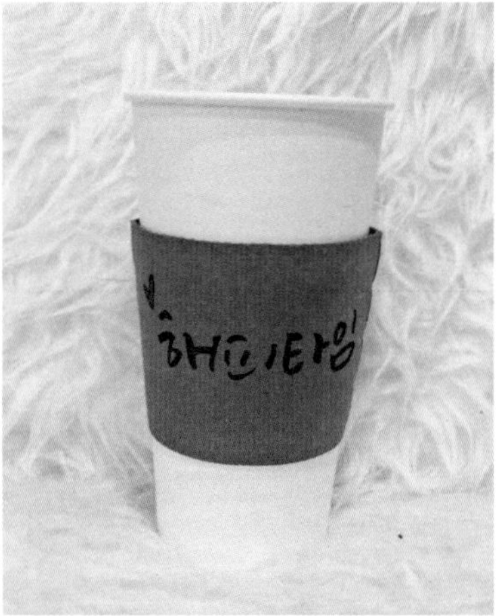

컵의 둥근 면 때문에 붓이 미끄러져 쓰기 어렵다. 컵에 씌우기 전에 컵 홀더에 쓰고 덧씌우면 된다.

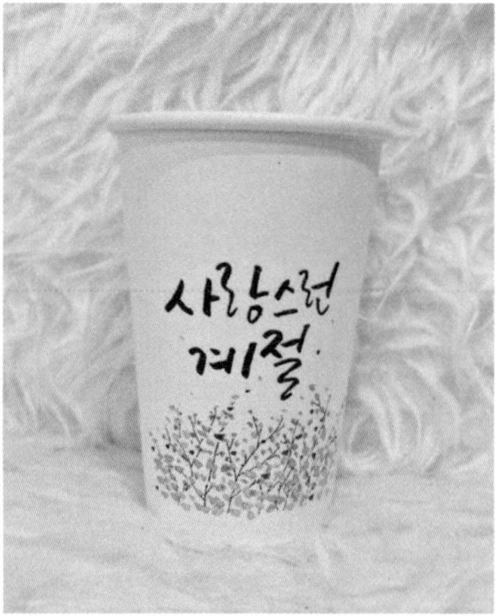

긴 문장은 한 줄보다는 여러 줄로 나누어 한 번에 보이게 쓴다.

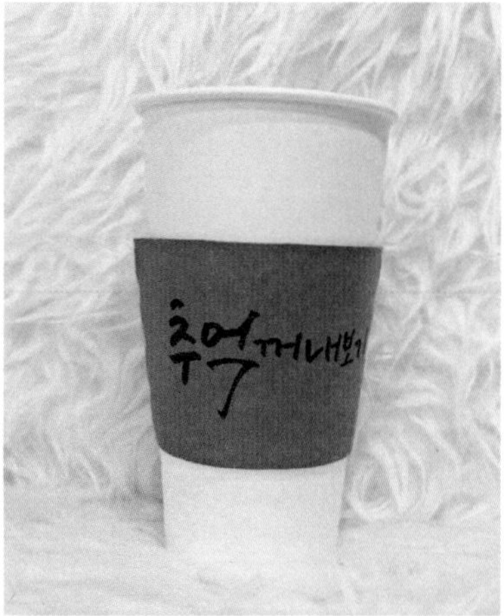

앞에서 보이는 한 면에만 쓰는 것이 좋다.

02 부채에 글쓰기

부채의 재료와 모양을 선택한다. 둥근 모양, 네모, 조개 모양, 꽃 모양 등 다양한 모양의 부채와 평면부채부터 접선 부채, 플라스틱까지 다양한 재질로 나와 있다.

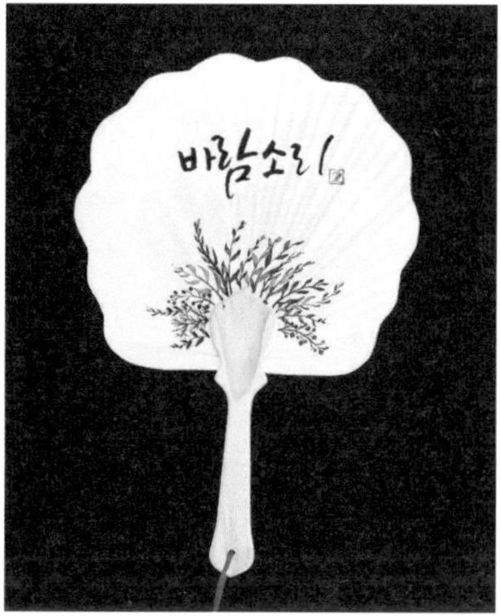

글귀를 정한다. 부채에는 시원한 느낌의 글을 쓰면 더욱 어울린다.

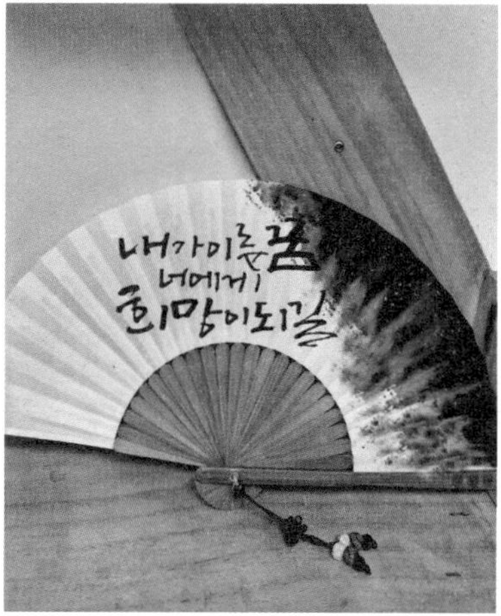

전체를 큰 붓으로 물감을 칠하거나 부분적으로 그림을 넣어주어도 좋다. 접선 부채의 경우 부챗살 때문에 글씨를 쓰기가 어렵다. 부챗살을 쫙 편 후 한쪽 손으로 누르면서 쓰면 수월하다.

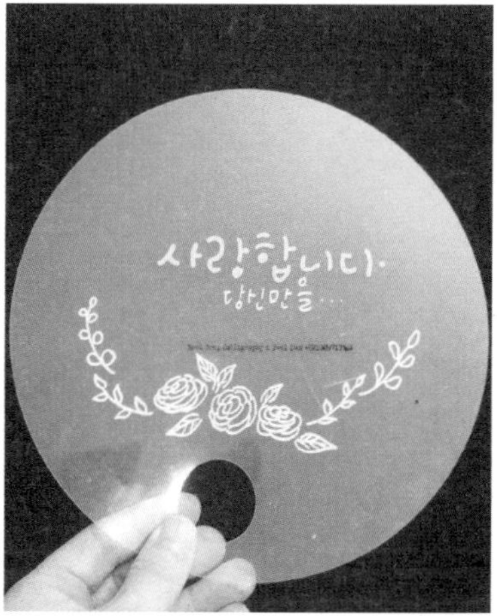

강조할 부분만 컬러로 써도 좋다.

03 에코백에 글쓰기

흰 천으로 된 광목 가방을 고른다. 올이 가늘고 고울수록 글씨가 잘 써진다. 올이 두꺼운 경우는 올 사이를 덧칠해야 글씨가 또렷하다.

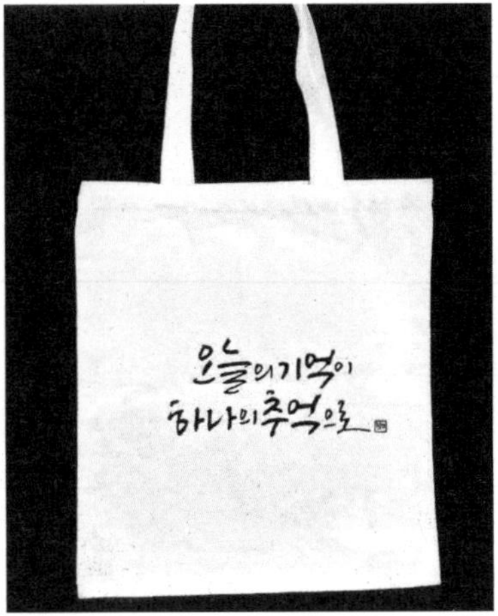

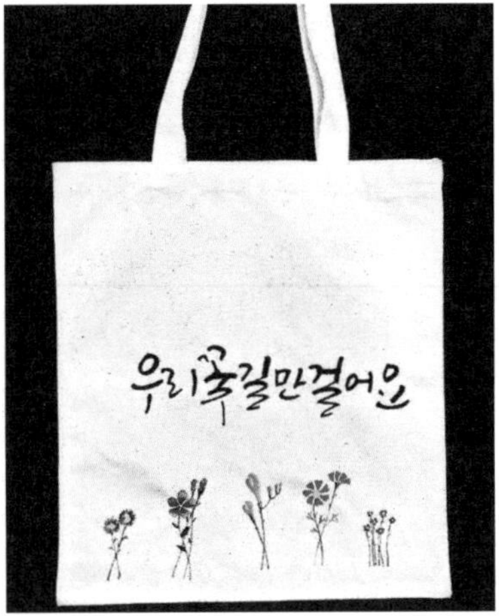

먹을 이용해 쓰기 때문에 뒷면에 먹이 묻을 수 있다. 가방 안에 종이를 넣고 글귀를 쓴다.

그림을 넣을 경우 패브릭 물감을 이용한다.

바짝 말린 다음 한 번 다림질 해주면 빨아도 지워지지 않는다.

04 양초에 글쓰기

글귀가 들어갈 15cm 길이의 양초를 고른다. 색과 모양이 다양하지만, 글씨가 두드러지기 위해서는 연한 색의 양초가 좋다.

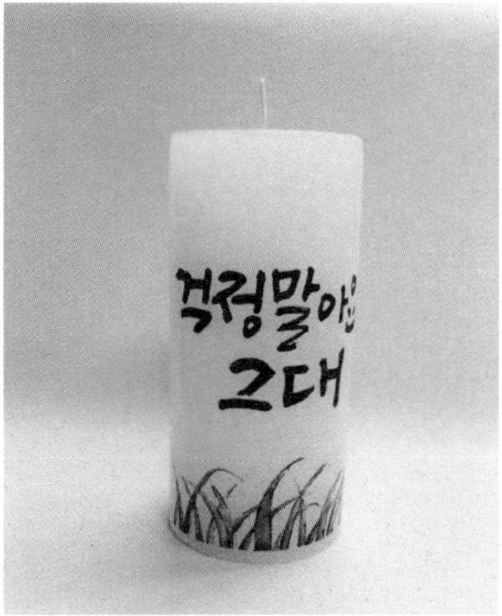

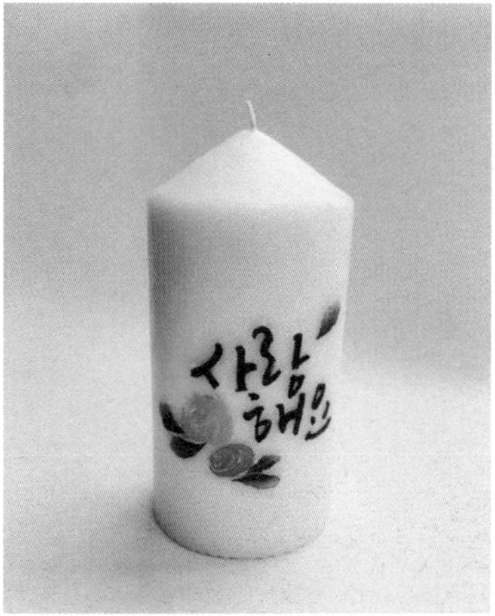

화선지에 쓰고 싶은 글씨를 양초에 들어갈 크기로 쓴다.

다리미나 작은 인두를 이용해 양초에 화선지를 대고 열로 녹인다. 단단한 양초를 선택해야 녹일 때 많이 녹아내리지 않는다. 화선지는 다 녹아 없어지고 글씨만 양초에 남는다.

그림도 화선지에 물감으로 그려 같은 방법으로 녹인다. 원하는 글자만 오려 붙이면 되니 여러 번 쓴 글자 중에 고를 수 있는 장점이 있다.

05 사진에 글쓰기

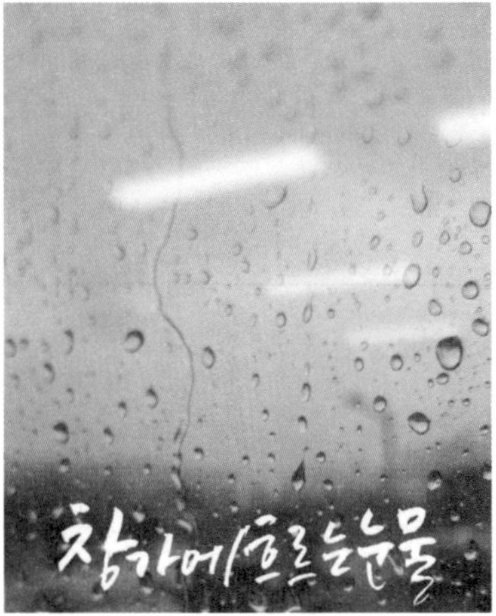

원하는 사진을 하나 고른다. 글귀를 골라 종이에 쓰고 사진을 찍는다.

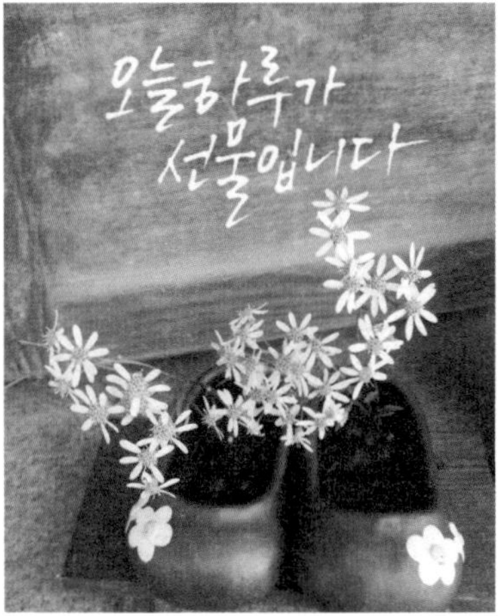

포토샵 작업으로 사진 위에 내가 찍은 글씨를 얹는다.

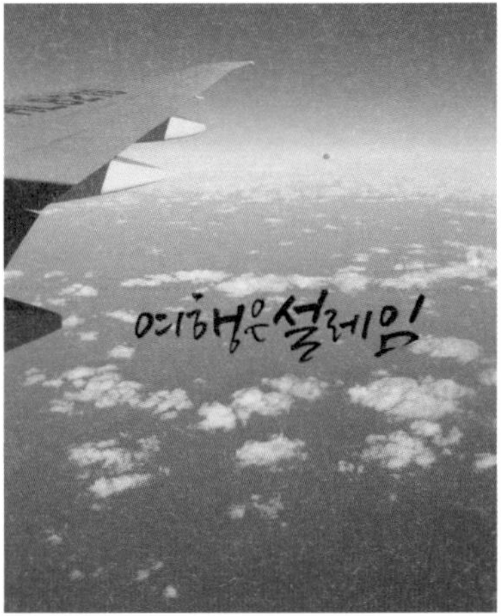

요즘은 스마트폰에도 사진 편집 어플(PicsArt)이 있어서 갤러리에 있는 사진에 방금 찍은 글씨 사진을 아주 쉽게 얹을 수 있다. 그리고 스마트폰으로 바로 SNS에 활용할 수 있다.

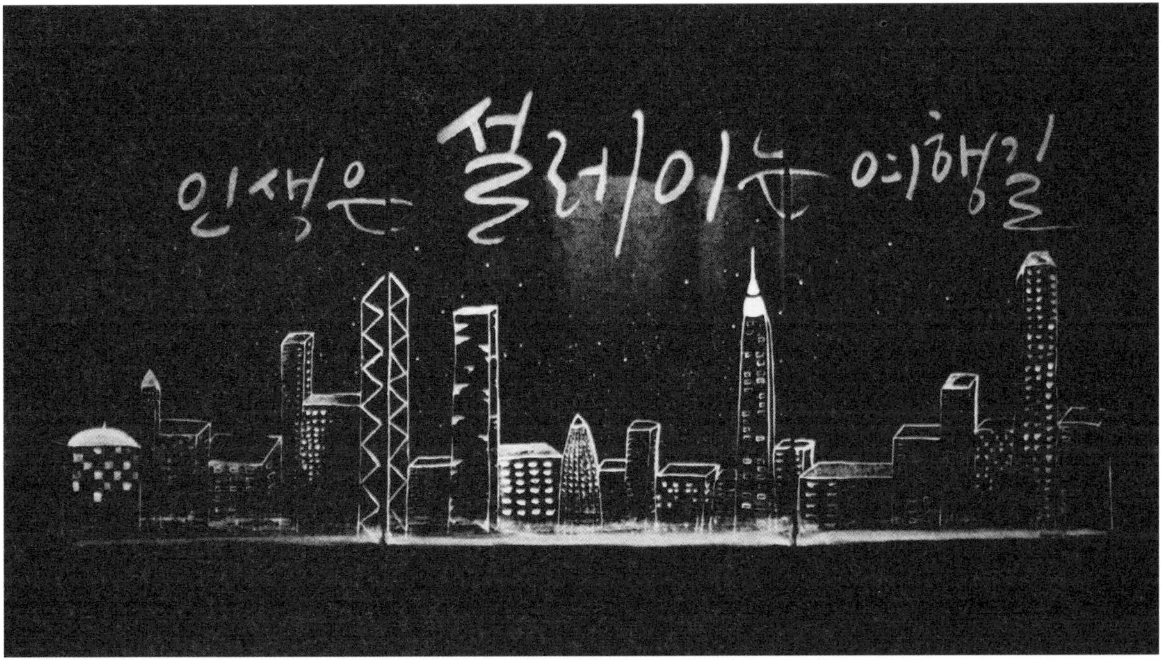
인생은 설레이는 여행길

퇴근 후, 캘리그라피 한 장

초판1쇄 인쇄 2019년 08월 15일
초판1쇄 발행 2019년 08월 25일

지은이 이영신
펴낸이 최병윤
펴낸곳 리얼북스
출판등록 2013년 7월 24일 제315-2013-000042호
주소 서울시 서대문구 증가로30길 29-2
전화 02-334-4045 팩스 02-334-4046

종이 일문지업
인쇄 수이북스

ISBN 979-11-86173-67-1 10640
가격 13,500원

이 도서의 국립중앙도서관 출판예정도서목록(CIP)은 서지정보유통지원시스템 홈페이지(http://seoji.nl.go.kr)와 국가자료종합목록구축시스템(http://kolis-net.nl.go.kr)에서 이용하실 수 있습니다.
(CIP제어번호:CIP2019031466)

독자 여러분의 소중한 원고를 기다립니다(rbbooks@nav er.com).